**Dagmar Chidolue** wurde 1944 in Sensburg, Ostpreußen, geboren und lebt heute in Frankfurt am Main. Sie zählt zu den namhaftesten Kinder- und Jugendbuchautorinnen und wurde bereits mehrfach, u. a. mit dem Deutschen Jugendliteraturpreis, ausgezeichnet.

Bei Fischer Schatzinsel erschienen von ihr unter anderem die ›Millie‹-Abenteuer, ›Millie in Paris‹ (Bd. 80295), ›Millie in Italien‹ (Bd. 80296), ›Millie auf Mallorca‹ (Bd. 80297), ›Millie feiert Weihnachten‹ (Bd. 80355), ›Millie in London‹ (Bd. 80366), ›Millie geht zur Schule‹ (Bd. 80367), ›Millie auf Kreta‹ (Bd. 80537), ›Millie in New York‹ (Bd. 80647), ›Millie und die Jungs‹ (Bd. 80648), ›Millie in Berlin‹ (Bd. 80747) und ›Millie in Ägypten‹ (Bd. 80939), sowie eine Geschichten-Sammlung mit dem Titel ›Die schönsten Erstlesegeschichten von Dagmar Chidolue‹ (Bd. 80714).

**Gitte Spee** wurde 1950 in Surabaya, Indonesien, geboren und lebt seit ihrem zwölften Lebensjahr in den Niederlanden. Sie studierte an der Gerrit Rietveld Akademie in Amsterdam und illustriert seit 1983 nicht nur holländische, sondern auch deutsche, englische und französische Kinderbücher, für die sie schon zahlreiche Preise erhalten hat. Gitte Spee hat u. a. auch die ›Millie‹-Geschichten von Dagmar Chidolue illustriert.

# 44

## 4-Minuten-Geschichten zum Vorlesen

Erzählt von
Dagmar Chidolue    Mit farbigen Bildern
von Gitte Spee

**Fischer Schatzinsel**

Fischer Schatzinsel
*www.fischerschatzinsel.de*

2. Auflage: November 2009

Umschlaggestaltung: Buchholz/Hinsch/Hensinger
unter Verwendung einer Illustration von Gitte Spee
Litho: LONGO AG, Bozen
Satz: Pinkuin Satz und Datentechnik, Berlin
Druck und Bindung: CPI – Clausen & Bosse, Leck
Printed in Germany
ISBN 978-3-596-85367-0

*Nach den Regeln der neuen Rechtschreibung*

# Inhalt

## Pauline-Geschichten

## Tom-und-Heiner-Geschichten

## Boris-Geschichten

## Lea-und-Flo-Geschichten

# Pauline-Geschichten

## Das Krokodil in der Badewanne

»Ab in die Wanne«, sagt Mama.

Pauline steigt gerne in die Wanne. Nicht nur
zum Baden, sondern erst recht zum Planschen.
Sie könnte stundenlang im Badewasser hocken.
Ab und zu warmes Wasser nachlaufen lassen und
mit Schiffchen spielen und mit Quietscheente
und Seifendose. Und zusehen, wie die Haut an
den Fingerkuppen schrumpelig und schrumpe-
liger wird. Ob man sich irgendwann im Wasser
auflöst, wenn man ganz lange in der Wanne
liegen bleibt? Einen Monat vielleicht oder sogar
ein ganzes Jahr?

Mama hat viel Wasser in die Wanne laufen lassen. Mächtige Schaumwolken türmen sich auf.
Prima, prima.

Was soll Pauline denn heute mit in die Wanne
nehmen?

Das Krokodil!

»Das ist doch nicht wasserfest«, meint Mama.

»Das ist doch aus Plüsch.«

»Aber es ist schmutzig«, sagt Pauline. »Es muss endlich mal gewaschen werden.«

Mama wiegt den Kopf hin und her. Das Krokodil sieht tatsächlich ziemlich dreckig aus. Der dunkelgrüne Rücken ist ganz verstaubt, und der helle Bauch ist dunkelbraun geworden.

»Na gut«, sagt Mama schließlich.

Pauline steigt vorsichtig ins Wasser. Das Krokodil setzt sie oben auf eine Schaumwolke. Die
Schaumflocken knistern leise.
Pauline spielt jetzt erst mal mit den Händen
Verstecken. So lange, bis das Wasser ziemlich
abgekühlt ist und sie heißes Wasser nachlaufen
lässt. Der Schaum wird weniger und weniger
und ist schließlich ganz verschwunden. Das
Krokodil hockt nun auf der Wasseroberfläche.
Bevor Pauline es gründlich schrubben wird, soll
es erst mal zeigen, was es kann. Krokodile leben
doch von Natur aus im Wasser.
Pauline gibt ihm einen kleinen Schubs, aber
das Krokodil weiß nicht, dass es eigentlich im
Wasser zu Hause ist und schwimmen kann.
Ganz allmählich sinkt es und geht schließlich
unter. Pauline muss es vor dem Ertrinken retten.
Als sie es wieder an die Oberfläche zieht, läuft
grünes Wasser aus dem Krokodil heraus. Huch.
Nun wird es aber Zeit, es zu waschen. Dick ein-
seifen und schön durchmassieren. Das geht bei
einem Krokodil aus Plüsch besonders leicht.
Was für ein schöner Schaum! Komisch nur,
dass der Schaum auch grün ist. Das Krokodil

wird ganz weich und breiig, schlabberig und matschig. Und dort, wo sich Bauch und Rücken treffen, gehen die Nähte auf, und das ganze Krisselkrasselzeug von innendrin kommt raus und verteilt sich in der Badewanne.

»Mama?«

»Mama!«

Mama sagt: »Ich wusste doch, dass das nicht gutgeht. Das Krokodil hat sich aufgelöst.«

Ach so. Dann dauert es also doch kein ganzes Jahr, nicht mal einen Monat, bis das passiert.

»Und schau dir mal deine Finger an.« Mama greift nach Paulines Händen.

Oha. Die sind inzwischen so schrumpelig geworden wie eine getrocknete Pflaume.

»Wenn du jetzt noch ein bisschen länger in der Wanne bleibst, wirst du dich auch auflösen.«

Hilfe, Mama, Hilfe! Nichts wie raus!

## Der tanzende Hund

Einmal hat Pauline einen Hund tanzen sehen.
Es ist nur ein kleiner Hund gewesen, so ein
schwarz-weißer mit einer lustigen Schnauze. Das
war an dem Tag, als es noch bitterkalt gewesen
ist, mit Eis auf dem Boden.
Der kleine Hund hat Pauline und ihrer Mama
mitten auf dem Bürgersteig den Weg versperrt. Er ist von einer Vorderpfote auf die
andere getrippelt, vielleicht weil ihm die Kälte
unangenehm gewesen ist, vielleicht aber auch
wegen des glatten Gehwegs. Dann hat er sich
rum und rum und rumgedreht, sodass alle vier
Pfoten abwechselnd den Boden berührten.
Paulines Mama hat gemeint, der kleine Hund
tanze Walzer.
Das hat Pauline sehr lustig gefunden, und sie
hat auch angefangen, Walzer zu tanzen. Bisher
hatte sie noch nie Walzer getanzt, sie hat jetzt
auch bloß so getan, als ob.

Da hat der Hund aufgehört, Walzer zu tanzen, und hat Pauline ganz erstaunt angeschaut. Dann ist er in die Luft gesprungen, einfach aus dem Stand heraus, zuerst mit den Vorderpfoten, und dann hat er die Hinterpfoten nachgezogen. Es hat so ausgesehen, als würde ein Pferd springen. Der Hund ist immer und immer wieder wie ein Pferd gesprungen, und zwischendurch hat er Pauline angesehen, als hätte er sagen wollen, na, siehst du, was ich kann?

Pauline ist tatsächlich sehr verblüfft gewesen und hat aufgehört, Walzer zu tanzen. Sie hat

dem Hund zugesehen und dann auch versucht,
wie ein Pferd zu springen. Zuerst hat sie die
Arme hochgeworfen, und danach ist sie in die
Höhe gehüpft, so als ob sie galoppieren würde.
Sie hat nicht mehr an das Eis auf dem Bürger-
steig gedacht, und beim nächsten Hüpfer
ist sie ausgerutscht und auf dem Po gelandet.
Da hat auch der Hund aufgehört, wie ein
Pferd zu springen. Er hat seinen Kopf zur Seite
geneigt und Pauline mitleidig angesehen.
Dann ist er auf dem glatten Gehweg davon-
getrippelt.

## Das bunte Wort

Wenn Pauline mit ihrer Mama auf der Brücke über den Fluss in die Stadt läuft, gibt es immer was zu sehen. Leute, die den Blick auf die Stadt festhalten wollen und mit ihrem Fotoapparat Bilder knipsen und knipsen und knipsen. Manchmal läuft Pauline diesen Leuten ins Bild. Nur aus Versehen!

Heute aber schaut Pauline über das schmiedeeiserne Geländer der Brücke runter auf den Fluss. Am steinernen Brückenpfeiler ist eine lange Stange angebracht. Und ganz vorne, an der Spitze der Stange, hat man eine große gelbe Lampe befestigt. Wahrscheinlich wegen der Schiffe. Damit die nachts nicht an den Brückenpfeiler prallen.

Auf der langen Querstange haben sich Möwen niedergelassen. Eine ganze Schar. Sie hocken dort und schauen alle in dieselbe Richtung, weg von der Stadt. Eine Möwe hat sich ganz vorne

auf die Lampe gesetzt. Und eine einzige Möwe
hat sich andersherum platziert. Sie findet die
Stadt wahrscheinlich interessanter.
Unten, auf dem Fluss schwimmen vier weitere
Möwen. Sie lassen sich so auf der Wasseroberfläche treiben, dass sie sich gegenseitig
anschauen können.
Zu den Möwen fallen Pauline einige Geschichten ein, aber Mama drängt: »Komm, Pauline,
komm, wir müssen weiter.«

Pauline mault. »Guck doch mal, Mama, guck
mal die Möwen an. Was die hier machen!«
Mama beugt sich auch über das Geländer. »Die
machen doch gar nichts.«
»Doch, Mama, doch! Die vielen Möwen auf der
Stange, das sind die normalen Leute.«
»Aha«, sagt Mama.
»Und die Möwe da vorne auf der Lampe, die
sitzt doch höher als die anderen. Das ist der
König.«
»Aha«, sagt Mama. »Und was ist mit der Möwe,
die sich andersherum hingehockt hat?«

»Na, das ist doch klar, das ist der Clown, Mama, der Witzemacher.«

»Aha«, sagt Mama und sieht Pauline von der Seite an, als würde sie ihr nicht ganz glauben.

»Und die vier Möwen im Wasser … was machen die?«

»Die spielen Mensch-ärgere-dich-nicht. Kannst du das nicht sehen?«

»Doch, doch«, sagt Mama. »Wenn du es sagst. Ich glaube allerdings, du hast dir das alles nur ausgedacht.«

»Gelogen ist es aber nicht«, meint Pauline. »Wie heißt das noch, wenn man sich immerzu etwas ausdenkt? Das schöne Wort dafür?«

»Hm«, sagt Mama. »Vorstellungskraft.«

»Nein«, ruft Pauline. »Das meine ich nicht. Es gibt doch noch ein anderes Wort dafür. So ein buntes, glitzerndes Wort.«

Mama überlegt. Dann sagt sie: »Phantasie.«
Genau!

# Wie man sich benimmt

Die Oma liegt im Krankenhaus. Pauline und Mama fahren mit dem Zug, um die Oma zu besuchen.

Pauline weiß sich gut zu benehmen. Sie sagt »bitte« und »danke« oder sogar »bitte schön« und »danke schön«. Sie hält Erwachsenen die Tür auf und lässt alten Leuten im Bus den Vortritt. Das macht man so! Das nennt man *gute Manieren*.

Die Oma hat mal gesagt, dass Pauline einen Knicks machen soll, wenn sie jemandem die Hand gibt. Aber Mama hat gemeint, dass Pauline das nicht machen muss, weil diese Zeiten vorbei sind. Welche Zeiten? Na, die von Herren und Dienern. Kein Mensch muss sich mehr vor einem anderen verbeugen oder in die Knie gehen.

Jetzt, auf der Bahnfahrt, sieht Pauline, dass sich einige Leute nicht gut benehmen. Sie drängeln

in den Zug und schubsen sich ins Abteil.
Manche fangen gleich an, stinkige Brotstullen
zu essen. Man muss sich fast die Nase zuhalten.
Ein paar, die jüngeren Leute, die vielleicht sieb-
zehn oder vierundzwanzig Jahre alt sind, hören
so laut Kopfhörer-Musik, dass jeder im Wagen
das Rumsdibums mitbekommt. Pauline schaut
Mama fragend von der Seite an. Mama versteht sofort, dass Pauline überlegt, ob die Leute
sich gut benehmen. Aber sie zuckt nur mit den
Schultern. Was soll sie sonst auch machen?
Man müsste es den Leuten sagen, findet Pauline. Gerade hat ein richtig erwachsener Mann
schräg gegenüber auf der anderen Seite vom
Durchgang Platz genommen. Er ist sicherlich
schon zweiunddreißig oder siebenundvierzig
Jahre alt. Seine Tasche hat er auf den freien
Platz neben sich gestellt. Dann streckt er seine
langen Beine aus und legt sie auf den Sitz gegenüber. Den Kopf drückt er fest gegen die
Rückenlehne und schließt die Augen.
Pauline muss immerzu hinübersehen. Der Mann
hat die Beine mitsamt den Schuhen auf den
plüschigen Sitz gelegt. Solche Quanten!

Pauline denkt nach. Eigentlich müsste der Mann wissen, was *gute Manieren* sind. Er ist alt genug. Wenn er es nicht weiß, dann müsste man es ihm doch beibringen.

»Bitte die Schuhe vom Sitz nehmen!«, sagt Pauline.

Mama drückt Pauline den Ellbogen in die Seite und macht ein erschrockenes Gesicht, aber der Mann rührt sich nicht. Mama muss sich wegen Pauline doch nicht schämen! Sie hat es sehr höflich gesagt.

Wenn der Mann es nicht gehört hat, dann muss Pauline eben deutlicher werden. »Bitte die Schuhe vom Sitz nehmen!«, sagt sie deshalb noch einmal, diesmal aber lauter.

Der Mann öffnet seine Augen und guckt Pauline verblüfft an. Er nimmt seine Quanten vom Sitz und setzt sich ordentlich hin.

Siehst du, Mama, es hat funktioniert!

Nach einer Weile jedoch streift der Mann seine Schuhe unauffällig von den Füßen. Er tritt einfach erst mit dem einen Fuß, dann mit dem anderen an den Absatz und lässt seine Quanten rausflutschen.

Jetzt legt der Mann seine Füße vorsichtig zurück auf den Polstersitz. Na, immerhin hat er Socken an! Aber ob das *gute Manieren* sind … das muss Pauline Mama später fragen.

# Die Strickliesel

Statt der Strickliesel hätte Pauline lieber
das bunte Flohspiel gehabt, aber Mama
hat gemeint, bevor man in die Schule
kommt und Mützen stricken lernt, sollte
man einen Strickwurm stricken können.
Sie hat ihr deshalb eine Strickwurmliesel gekauft.
Pauline weiß jetzt schon, dass sie
Strickwurm stricken und Mützen
stricken doof finden wird.
Pauline hat nie gern gebastelt.
Sie hat auch nur ungern Bilder
gemalt. Sie mag es, mit Klötzen
riesige Burgen zu bauen. Sie schaut
sich gerne Witzzeichnungen an
und liebt es, mit Mama Mensch-
ärgere-dich-nicht zu
spielen. Am besten

ist es jedoch, wenn Mama ihr was aus dem Vorlesebuch vorliest. Auch mit dem Flohspiel hätte Pauline etwas anfangen können.

Aber nun: die Strickwurmliesel.

Mama hat ihr gezeigt, wie das geht. Bei Mama sieht es ganz leicht aus. Faden durch, wickel, wickel, wickel, und dann mit dem Haken einen Faden über den anderen heben. Kapiert?

Wenn alles geklappt hat, soll unten ein Strickwurm rauskommen. Pauline weiß gar nicht, was sie mit dem Wurm anfangen soll. Vielleicht als Lesezeichen für das Vorlesebuch nehmen?

Den Faden hat Pauline schon durchgezogen. Er hängt unten raus. Wickel, wickel, wickel. Und nun ist sie eifrig dabei, einen Faden über den anderen zu heben. Es macht keinen Spaß, es ist zum Heulen. Unten an der Strickwurmliesel kommt auch kein Wurm raus. Nur der durchgezogene Faden ist lang und länger geworden. Wird schon richtig sein. Oder etwa nicht?

»Aber nein!«, ruft Mama, als sie von ihrer Zeitschrift aufschaut. »Was machst du denn da? Das wird doch im Leben kein Strickwurm, das ist doch nur ein Mäuseschwanz.«

»Ach Mama«, sagt Pauline da. »Du hast mir ja auch keine Strickwurmliesel gekauft, sondern eine Mäuseschwanzliesel.«
Und überhaupt: Passt ein Mäuseschwanz als Lesezeichen nicht viel besser in das Vorlesebuch als ein Strickwurm?

# Eisdiele

Im Sommer muss man Eis essen. Das jedenfalls
findet Pauline. Es kann passieren, dass sie sehr
plötzlich großen Hunger auf Eiscreme be-
kommt. Im Sommer ungefähr einmal am Tag.
Meistens passiert das auf der Straße. Sobald
Pauline eine Eisdiele von weitem sieht, läuft ihr
schon die Spucke im Mund zusammen.
Es gibt nicht jeden Tag Eiscreme. Paulines
Mama findet das nämlich nicht gut. Sie kann
auch in einer Eisdiele sitzen und nur Kaffee
trinken. Pauline soll dann mit Sprudelwasser,
Milchshake oder Orangensaft zufrieden sein.
Ist sie aber nicht.
Sie sitzt vor ihrem Glas Orangensaft. O-Saft soll
gesund sein.
Mama nippt an ihrem Kaffee. Pauline schaut
hinüber, wo sich hinter der Glasscheibe die
großen Töpfe mit den tausend Sorten Eiscreme befinden. Und hinter den großen Töpfen

stehen die Eiscreme-Männer mit den Eiscreme-
Schäufelchen in der Hand und warten, dass
endlich jemand einen Eisbecher bestellt.

»Du, Mama …«, sagt Pauline, »… das ist hier
gutes Eis, richtig gutes Eis.«

Mama stöhnt. »Woher weißt du das?«

»Das kann ich sehen«, sagt Pauline.

»Aha. Und woran siehst du das?«

»An der Farbe.«

»Aha.«

»Die gelbe Farbe ist das beste«, sagt Pauline.
»Hmhm.«
»Das beste Eis. Die gelbe Farbe mit den roten Kullern drin.«
»Pauline!«
Soll sie jetzt still sein? Wahrscheinlich ja.
»Ich weiß genau, was du willst«, sagt Mama, und nach einem Weilchen: »Na schön, aber nur einen kleinen Becher.« Sie winkt erschöpft mit der Hand nach dem Kellner.
»Einen kleinen Becher gelbes Eis mit diesen roten … mit diesen roten … Dingern drin.«
»Wird gemacht«, sagt der Kellner.
»Ich hätte aber gerne einen Becher weißes Eis mit Schokosplittern drin«, sagt Pauline schnell. Mama guckt sie verdutzt an.
»Einen kleinen Becher«, fügt Pauline rasch hinzu.

»Ich denke …«, sagt Mama, »ich denke, du wolltest das gelbe Eis.«

»Ich glaube, heute ist das weiße Eis noch besser als das gelbe«, sagt Pauline. »Aber das gelbe nehme ich morgen.«

»Wenn es heute einen Becher gibt, dann wird es morgen kein Eis geben«, sagt Mama bestimmt. Na, warten wir's doch einfach ab.

# Ein Glitzerbär

Zur Feier des Tages geht Mama mit Pauline aus.
In ein richtiges Restaurant.
Zur Feier des Tages? Ja, weil heute Dienstag ist.
Manchmal gehen sie nämlich einfach *nur so* aus,
an irgendeinem Tag in der Woche.
Mama und Pauline suchen sich einen schönen
Tisch aus, an dem nur zwei Personen sitzen
können. Der Kellner hat ihnen schöne rote

Servietten hingelegt und das Besteck. Vom Salatbüfett darf sich Pauline aussuchen, was sie will, und gleich wird es noch Nudeln und ein Hühnchen geben.

Was zu trinken?

Cola. Zur Feier des Tages.

Pauline schaut sich um. Da sitzt eine Knutschetante, die knutscht mit ihrem Knutscheonkel. Und da drüben sitzen zwei junge Männer, die sich viel zu erzählen haben. Aber jetzt kommt der Kellner mit den Nudeln und Pauline hat genug zu tun.

Plötzlich geht die Tür auf und ein Mann mit einer Plastiktüte kommt herein. Er geht schweigend von Tisch zu Tisch, greift in die Tüte und legt allen Leuten was vor den Teller.

Was ist denn das?

Das ist etwas sehr Hübsches. Es ist nämlich ein niedlicher Glitzerbär. Da liegt nun vor Paulines Teller dieser kleine, schöne, blaue, glänzende Bär und schaut sie mit leuchtenden Augen an.

Das ist aber nett von dem Mann. Danke schön!

Der Mann ist inzwischen durch das ganze Restaurant gegangen und beginnt jetzt seine zweite Runde, läuft wieder zurück von Tisch zu Tisch. Die Leute schütteln den Kopf oder winken mit den Händen ab. Da sammelt der Mann die Teddybären wieder ein.

Der Bär ist also kein Geschenk?

Mama sagt: »Der Mann muss Geld damit verdienen. Er ist wahrscheinlich taubstumm. Er sagt nichts, weil er nicht sprechen und nicht hören kann.«

Oh.

Pauline schaut das niedliche Glitzerbärchen auf ihrem Tisch mitleidig an. Sie stellt es sich schrecklich vor, wenn sie all die Stimmen und Geräusche um sich herum nicht mehr hören könnte.

»Na gut«, sagt Mama da. »Wir nehmen den Bär.«

Prima, Mama, gute Idee!

Jetzt kommt der Mann an ihren Tisch. Mama kramt in ihrem Portemonnaie. Der Mann wartet. Dann nimmt er die Münzen entgegen, die Mama ihm reicht. Seine Augen lachen. Sie sagen danke schön.

Ja, man kann auch mit den Augen sprechen.

# Das Konzert

Schon lange hat sich Pauline gewünscht, mit Mama in ein Konzert zu gehen. Mama hat gemeint, dass Konzerte nur was für Erwachsene seien. Da passiere ja nichts. Kinder würden sich dabei nur langweilen.

Woher will sie das wissen? Man muss es ausprobieren! Außerdem gibt es Konzertstücke für Kinder, Mama!

Das hat Mama jetzt auch kapiert. Sie hat eine CD gekauft und sich mit Pauline das Musikstück zu Hause angehört, immer und immer wieder. Pauline kann es inzwischen auswendig. Sie weiß, wann das Schrummschrummschrumm an der Reihe ist und wann das Klackerklackerklacker und das Pütpütpüt. Außerdem gibt es einen Erzähler, der dazu eine Geschichte erzählt, die Geschichte vom *Karneval der Tiere*.

Endlich ist es so weit. Schon zu Hause ist Pauline ganz aufgeregt. Was soll sie anziehen? Am besten eine todschicke Hose, einen todschicken Pulli und todschicke Schuhe, Mama! Das Konzert findet in einem riesengroßen Saal statt. Es ist brechend voll. Gut, dass Mama neben Pauline sitzt. Aber es ist auch schade, dass alle anderen Mamas und Papas neben ihren Kindern sitzen, denn der dicke Glatzkopf-Papa auf dem Stuhl vor Pauline versperrt ihr die Sicht auf

die Bühne. Dort hat das Orchester nun Platz genommen. Und der Dirigent. Nein, der sitzt nicht, der hat sich zum Glück auf ein Podest gestellt. Da kann Pauline ihn gut sehen. Verbeugung, Verbeugung!
Dann geht's los. Pauline weiß Bescheid: Die Löwen schreiten und brüllen, die Hühner gackern und die Elefanten trompeten. Das Känguru hüpft.
Der Dirigent hüpft auch. Rauf und runter, rauf und runter. Hin und her.

Er hüpft ein bisschen zu hoch. Da ist es passiert:
Der Dirigent fällt vom Podest.
Er fällt nicht auf die Nase, nein, aber er stolpert
und fängt sich im letzten Moment. Dann klettert
er wieder auf das Podest, und die ganze Zeit hat
er nicht aufgehört, das Orchester zu dirigieren.
Alle Leute im Konzertsaal haben laut gelacht, als
der Dirigent vom Podest gefallen ist. Das heißt,
zuerst haben sie *huch* geschrien, dann haben
sie gelacht und schließlich geklatscht, weil der
Dirigent so getan hat, als wäre nichts passiert.
Er hat mit dem *Karneval der Tiere* weiter-
gemacht, die wilden Esel trampeln und schreien

Iiiaaa, Iiiaaa, die Kolibris flattern und die Dinosaurier klappern mit den Knochen. Das ist Paulines Lieblingsstelle.

Sie weiß, sobald der Schwan seine Bahn gezogen hat, treten alle Tiere noch einmal auf und danach ist Schluss. Kleine Pause. Erst dann darf geklatscht werden.

Jetzt kommt die Stelle. Alles zusammen mit Schrummschrummschrumm und Klackerklackerklacker und Pütpütpüt.

Pause.

Und in die Stille hinein, als alle Leute noch überlegen, ob nun wirklich Schluss ist, ertönt ein lautes *Hatschi*. Aber was für eins! *Hatschi* mit Pauken und Trompeten.

Jetzt lachen die Leute wieder. Sogar der Dirigent schüttet sich aus vor Lachen, bevor geklatscht werden darf.

Toll war's im Konzert, Mama. Und kein bisschen langweilig.

# Der neue Noppen-Schal

Pauline mag keine Schals. Schals kratzen und schnüren einem die Luft ab, findet Pauline. Mama will ihr trotzdem einen schönen warmen Winterschal stricken. Sie hat extra die weiche, flauschige Wolle in dem kleinen Garngeschäft an der Ecke gekauft. Der Faden ist rosa und mit roten und fliederfarbenen Noppen besetzt. Na, immerhin.

Die Strickwolle ist mal dünn und mal dick. Jetzt kommt eine Stelle, da ist der Wollfaden so dünn wie Nähgarn und ganz ohne Noppen. Mama

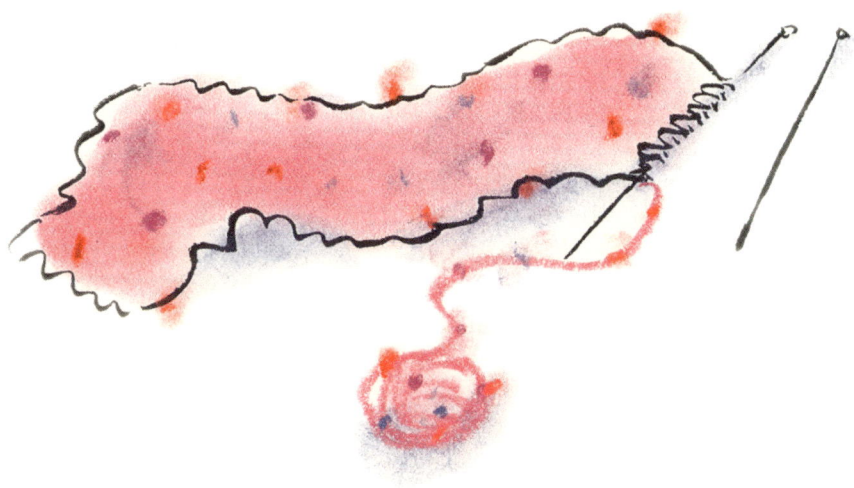

müsste den Faden jetzt abreißen und neu beginnen. Macht sie aber nicht.

»Mama! Der Schal geht doch sofort kaputt,
wenn ich ihn umbinde.«

»Wieso denn das?«

»Weil der Faden dann reißt.«

»Ach nein, mein Schatz. Wieso sollte der Faden
reißen?«

»Falls jemand an den Noppen zieht.«

»Stören dich die schönen Noppen etwa?«

»Nö …«, sagt Pauline zögerlich.

Aber es könnte doch sein, dass … ja, dass ein Pferd an ihrem Schal zieht. Pauline denkt sich gern solche Geschichten aus.

»Und wer sollte an deinem Schal ziehen?«, fragt Mama nach.

»Ein Pferd zum Beispiel.«

»Wann hast du denn das letzte Mal ein Pferd gesehen?«

Pauline zieht die Schultern hoch. Sie hat schon

lange kein Pferd mehr gesehen, das ist richtig. Aber es könnte doch sein, dass das arme Pferd sich verlaufen hat und nun hungrig durch die Straßen irrt. Vielleicht ist es schlecht behandelt worden, oder es hat keine Lust mehr gehabt, alleine auf dem Bauernhof rumzustehen, und ist einfach davongaloppiert.

»Weißt du was?«, sagt Mama da. »Am Wochen-ende fahren wir mal wieder auf den Reiterhof, auf den, der bei Oma in der Nähe ist. Da waren wir schon ewig nicht mehr.«

Pauline nickt. Gute Idee, Mama. Sie wird den neuen Schal umbinden. Dann kommt das Pferd und schnappt nach den Noppen und der Schal geht kaputt.

Pauline strahlt Mama an.

»Ich glaub, das wird ein richtig schöner Schal, Mama.«

# Die Attackenmücke

Der Sommer war lang und trocken, und erst im Herbst wurde es feucht und die ersten Mücken kamen ins Haus. Mama hat abends die Fenster geschlossen, damit die Viecher sie nicht piesacken konnten. Nur einmal hat es eine geschafft, bis in Paulines Zimmer vorzudringen. Das ist eine echte Attackenmücke gewesen, mit Sss und Sss und Sss ist sie Pauline bis ins Bett gefolgt. Aber irgendwann hat Mama sie zum Glück mit der Fliegenklatsche erwischt: *Patsch.* Auch Ende Dezember ist es noch nicht richtig kalt. Zu Weihnachten hat Mama die letzte Rose aus dem Garten abgeschnitten und in eine Vase gestellt. Draußen und drinnen ist es grün, denn drinnen im Wohnzimmer steht noch immer der Weihnachtsbaum. Die bunten Teller auf dem niedrigen Sofatisch sind zur Hälfte geleert. Der Rest auf Paulines Teller besteht aus Erdnüssen, Zuckerkringeln, einem Schokoladen-Weih-

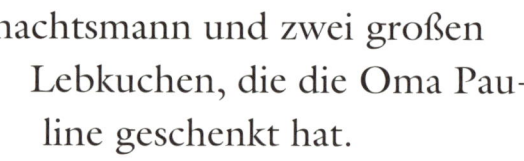

nachtsmann und zwei großen
Lebkuchen, die die Oma Pauline geschenkt hat.

Mama hat heute Abend
die Lichter auf dem
Weihnachtsbaum
noch einmal angezündet. Pauline schaut sich
die Bilder zu *Gute Nacht, mein Engel* an. Sie ist
gerade auf der Seite mit *Gute Nacht, mein Engel,
es ist Zeit, schlafen zu gehen*, da schreit Mama
plötzlich auf: »Ha!«, und noch einmal: »Ha!«
Sie ist von ihrem Sessel aufgesprungen und zeigt
an die Zimmerdecke. »Da ist ja schon wieder so
eine Attackenmücke!«
Richtig. Oben an der Decke klebt ein schwarzes
Stäbchen, das so tut, als sei es ganz harmlos,
aber Pauline weiß, was gleich passieren wird:
Die Attackenmücke wird sie mit Sss und Sss und
Sss bis in ihr Bett verfolgen.
Mama klettert aufs Sofa. Die Fliegenklatsche
hält sie in der Hand. Sie balanciert auf der
wackeligen Sofapolsterung, sie hebt die Hand,
sie schlägt zu … *Patsch* … Und die Attackenmücke ist erledigt.

Da atmet Pauline aber auf!

Jetzt muss Mama noch vom Sofa runtersteigen. Erst mal umdrehen! Aber sie versucht es rückwärts. Schon beim ersten Schritt schreit sie wieder auf: »Ha!«, und noch einmal: »Ha!« Es klingt ein bisschen anders als eben, es klingt ein wenig nach *Hilfe, Hilfe*.

Mama fällt nach hinten. Zum Glück steht sie auf dem weichen Sofa, da kann ihr nicht viel passieren. Aber sie landet auf dem Tisch, sie landet genau auf Paulines buntem Teller. Ihr Hintern füllt den ganzen Teller aus. Das sieht sehr lustig aus, und Pauline muss auch schrecklich lachen. »Oh«, sagt Mama, als sie sich aufgerappelt hat und die Bescherung auf dem Teller sieht. Den Erdnüssen und den Zuckerkringeln ist nichts passiert, und der Schokoladen-Weihnachtsmann ist vor Mamas Landung aus dem Teller gesprungen. Nur die zwei großen Lebkuchen von der

Oma sind total zerquetscht. »Das tut mir aber leid, das tut mir aber leid«, sagt Mama ein ums andere Mal.

Das muss ihr aber gar nicht leidtun, denn Pauline hätte sie sowieso nicht gegessen. Die Lebkuchen von der Oma riechen nämlich nach Parfüm. Vielen Dank, Attackenmückc!

# Tom-und-Heiner-Geschichten

# Das schönste Gefühl

Tom spinnt, findet Heiner. Tom ist fast zwei
Jahre jünger als er, längst im Kindergarten und
kommt nächstes Jahr auch in die Schule. Er
sollte eigentlich schon vernünftig sein, aber er
spinnt. Am meisten merkt man das abends, kurz
vor dem Schlafengehen.
Tom kann sich nämlich nicht lange genug die
Zähne putzen. Bei Heiner geht das zack, zack,
zack, aber Tom nimmt sich eine Stunde lang
Zeit dafür. Fast.
Tom sagt, erstens muss man sich die Zähne
gründlich putzen. Wegen der Bakterien. Zwei-
tens blitzen die Zähne dann strahlend weiß.
Damit man schön aussieht. Drittens halten die
Zähne lang und länger, und man braucht nicht
schon mit fünfzehn Jahren ein Gebiss. Und alles
zusammen ist es sowieso das schönste Gefühl,
das es gibt. Sagt Tom.
Haha.

»Du spinnst doch«, sagt Heiner.
Während Tom noch im Badezimmer herum-
trödelt, liegt Heiner schon im Bett und kuschelt
mit Mama. Dann hat er sie ganz für sich allein.
Das ist fast das schönste Gefühl. Aber in null
Komma nichts ist Tom auch da. Hat leider doch
keine Stunde gedauert.
Jetzt müssen sich beide die Mama teilen.
Meistens liest sie eine Geschichte vor. Heiner
findet das eigentlich ein wenig albern, weil er ja
schon selber lesen kann. Aber Tom zuliebe …
Gute-Nacht-Kuss.
Licht aus.
Jetzt wird geschlafen.
Denkste, Mama.
Heiner hat sich nämlich was ausgedacht. Er hat
das schönste Gefühl entdeckt! Besonders schön
ist das im Winter. Es muss knackig kalt sein.
Gegen Abend dreht Mama im Kinderzimmer
die Heizung runter. Sie sagt, dass man in kalten
Räumen besser schläft.
Stimmt, Mama.
Sobald sie das Zimmer von Heiner und Tom
verlassen hat, schiebt Heiner die Bettdecke von

sich weg. Er öffnet sogar die Schlafanzugjacke bis ganz oben und schiebt die Ärmel hoch. Mit nacktem Oberkörper wartet Heiner auf die Kälte. Die kriecht langsam durch die Hosenbeine, legt sich auf den Bauch, streift über sein Gesicht und die nackten Arme. Wenn es richtig gut ist, dann kriegt Heiner eine ordentliche Gänsehaut. Kurz bevor er anfängt zu zittern und mit den Zähnen klappern muss, knöpft er die Schlafanzugjacke ruck, zuck wieder zu. Er zieht die Bettdecke blitzschnell hoch und wickelt sich ein. Dann kommt ganz langsam und allmählich die Wärme wieder. Sie lullt ihn ein, und Heiner denkt nur noch, wie wunderbar gut es ihm geht. »Das ist das schönste Gefühl«, flüstert er. »Du spinnst doch«, sagt Tom.

# Im Garten buddeln

Im Frühjahr buddeln alle Leute im Garten.
Manche Pflanzen haben den Winter nicht über-
lebt und müssen raus aus der Erde, andere
werden frisch gepflanzt.
Am spannendsten ist es aber, wenn man etwas
in der Erde vergräbt und nicht weiß, was draus
wird.
Die Eltern stecken Zwiebeln in den Boden. Da
könnten wiederum Zwiebeln draus werden oder
Blumen. Wie das geht, das hat Heiner noch
nicht kapiert. Er und sein kleiner Bruder Tom
haben aber auch ein Beet bekommen. Dort
dürfen sie graben und pflanzen und säen, was sie
wollen. Das hat Papa gesagt.
Das Beet ist nicht besonders
groß, aber es reicht. Heiner
hat eine Hälfte bekommen
und Tom die andere.
Heiner ist nicht so für

Blumen. Er möchte was Richtiges ernten.
Radieschen. Und Kartoffeln.
Tom sieht ihm zu. Er glaubt nicht, dass aus
den winzigen Körnern, die Heiner in die Erde
streut, einmal Radieschen werden können. Aber
das mit der Kartoffel kann er sich vorstellen.
Heiner hat ihm das erklärt: »Aus einer Kartoffel
werden dann ganz viele Kartoffeln.«
Tom hat gemeint, dass man die Kartoffel erst
kochen muss.

»Nein, du Dämlack«, hat Heiner gesagt. »Nicht kochen! Alles, was in die Erde kommt, muss roh sein. Kapiert?«

»Hmhm«, hat Tom gemacht.

Heiner hat sein Beet schon längst beackert und liegt mittags auf seinem Bett und spielt Gameboy. Jetzt ist die Zeit für Tom gekommen.

Er hat lange darüber nachgedacht, was er in sein Beet pflanzen will. Wahrscheinlich auch Kartoffeln.

Aber Pustekuchen.

Nachmittags, als Mama einen Apfelkuchen backen will, merkt sie, dass alle Eier, die sie zum Backen braucht, verschwunden sind.

»Das gibt's doch nicht, das gibt's doch nicht!«

Doch, Mama, das gibt's.

Tom hat die Eier in die Erde gebuddelt. »Alles soll doch roh sein«, sagt er.

»Mann, du Dämlack.« Heiner muss schon wieder schimpfen. »Was soll denn aus den Eiern werden?«

»Ganz viele Eier«, verteidigt sich Tom.

»Oder … Küken?«

»So werden das doch keine Küken!«, sagt Heiner. »So doch nicht.«

»Wie denn?«, fragt Tom.

»Da muss sich erst die Henne aufs Nest setzen.«

# Die Waisenkinder

Heiner und Tom haben immer jemanden zum Spielen. Heiner hat Tom und Tom hat Heiner. Manchmal zanken sie sich auch. Tom sitzt danach in einer Ecke und schmollt, und Heiner tut so, als ginge Tom ihn gar nichts mehr an. Meistens aber machen sie was zusammen. Selbst wenn alle Spiele langweilig geworden sind, lassen sie sich noch was einfallen. Und wenn ihnen gar nichts mehr einfällt, dann gibt es immer noch das Spiel *Wir sind Waisenkinder.*

»Wir haben uns in der Stadt verlaufen«, schlägt Heiner draußen vor.

»In welcher Stadt?«, fragt Tom.

»Das ist doch egal«, meint Heiner. »Du musst jetzt zu weinen anfangen.«

»Huhu, huhu«, macht Tom.

»Weine doch nicht, mein kleiner Bruder«, versucht Heiner zu trösten. »Wir werden schon wieder nach Hause finden.«

»Wir haben doch gar kein Zuhause«, jammert
Tom. »Wir müssen zurück ins Waisenhaus.«
»Niemals«, sagt Heiner. »Da geht es uns nur
schlecht.«
»Ja«, pflichtet Tom ihm bei. »Wir müssen
immer alles aufessen. Selbst das blöde Mohr-
rübengemüse.«
»Und wir sollen ständig Rote-Bete-Saft trinken
und müssen zuerst die Hausaufgaben machen,
bevor wir spielen dürfen.«
»Ich geh doch noch nicht zur Schule«, erinnert
Tom den großen Bruder.
»Du musst aber Mittagsschlaf machen, obwohl
du gar nicht schlafen willst.«
»Genau«, sagt Tom. »Und was noch?«
»Wenn du rumtobst, schickt dich Frau Kuhncke
alleine ins Spielhaus.«
»Frau Kuhncke ist doch meine Kindergarten-
tante, Heiner!«
»Die gibt es aber auch im Waisenhaus. Außer-
dem sollst du nicht Kindergartentante sagen,
sondern Erzieherin. Erzieherin!«
»Sag ich aber nicht.«
»Wenn du das nicht tust, dann kriegst du ganz

schlimme Pflegeeltern. Du darfst nicht fernsehen und bekommst schlechtes Essen und
bist für immer und ewig von deinem Bruder
getrennt.«

»Dann laufe ich weg.«

»Wohin denn? Du bist doch ganz alleine.«

»Ich laufe in die Stadt.«

»Dann verirrst du dich.«

»Aber da treffe ich meinen Bruder. Der ist
nämlich auch weggelaufen. Und was machen
wir jetzt, Heiner?«

»Jetzt gehen wir zur Polizei. Die ist dein Freund
und Helfer.«

Und dann öffnet sich die Tür und Mama ruft
die beiden rein. Heiner und Tom heulen vor
Freude auf, denn jetzt sind sie gerettet.

# Ketchup

Heiner braucht Ketchup zu Pommes, Frika-
dellen und Bratwurst, und Tom nimmt
Ketchup, wenn es Bratwurst, Frikadellen und
Pommes gibt. Zugegeben: Tom hat es Heiner
abgeguckt.
Mama meckert manchmal: »Das geht doch
nicht, dass ihr auf alles Ketchup schüttet!«
Doch, das geht. Mama seufzt dann, aber Papa
sagt, er wird noch verrückt, wenn das mit dem
Ketchup nicht bald aufhört.
Na, Papa ist ja nicht immer zu Hause.
So eine Ketchup-Flasche ist nicht leicht zu
öffnen. Heiner kann das. Er ist stark. Man muss
die Flasche schütteln und mit einem Plopp
öffnen, einem kleinen Knall. Und wenn nichts
rauskommt, muss man der Flasche eins hinten
draufhauen.
Tom ist Heiners jüngerer Bruder. Er hat
noch nie einen Plopp geschafft. Aber heute

Mittag gibt es wieder Pommes, und Tom darf
die Flasche öffnen.
Sie sitzen schon alle ganz gemütlich am Tisch
in der Essecke. Mama, Tom und Heiner. Tom
schüttelt die Flasche, wie er es bei Heiner
gelernt hat. Er beißt sich vor Anstrengung in die
Zunge. Puh, sitzt der Deckel fest. Aber jetzt!
Jetzt kommt der Knall, aber es ist kein Plopp,
sondern ein ordentliches Peng, ein Schuss, der
so laut ist wie eine Feuerwerksrakete.
Explosion!
Aus der Flasche schießt ein roter Spring-
brunnen. Tomatenpampe spritzt auf
Heiner, in sein Gesicht, auf seine Schulter
und sein Hemd, und auch Tom selbst
ist über und über bekleckert. Seine Haare
sind rot und die Hose ist vollgeschmiert.
Einen Moment lang ist es ganz still, aber dann
fängt Mama zum Glück an zu lachen, sodass
auch die Jungs losprusten müssen. Wie komisch
sie aussehen! Richtig schön ferkelig!

»Ab ins Bad«, sagt Mama. »Alles sofort aus-
ziehen, sonst kriege ich das nie wieder sauber.
Schnuten waschen!«
Am besten gleich duschen.
Schnell sind Tom und Heiner wieder sauber.
Mama hat inzwischen Tisch und Stühle ab-
gewischt. Alles wieder in Ordnung. Die Pom-
mes sind leider kalt geworden, aber mit Ketchup
schmecken auch kalte Pommes. Kein Problem!
»Das werden wir Papa lieber nicht erzählen«,
sagt Mama. »Wenn der schon das Wort Ketchup
hört, wird er verrückt.«
Das wissen die Jungs.
Papa ist erst abends wieder zu Hause. Er macht
es sich auch gerne in der Essecke gemütlich.
Lehnt sich zurück und streckt die Beine aus.
»Na, hat's heute was Besonderes gegeben?«
Nö.
Papa reckt sich und sein Blick fällt auf die
Zimmerdecke. »Was ist denn das?«, fragt er
plötzlich.
Oha. An der Zimmerdecke hängen Eiszapfen.
Leider sind es rote Eiszapfen. Ketchup! Die hat
Mama übersehen.

So kommt die Ketchup-Geschichte leider doch raus. Und schimpft Papa jetzt? Wird er nun verrückt?

»Junge, Junge, Junge«, sagt er nur.

Na, wenn das verrückt ist, dann ist es ja noch zum Aushalten.

# Omas Liebling

Am liebsten sind die Jungs mit der Lieblingsoma
unterwegs, fast noch lieber als mit Papa und
Mama. Die Lieblingsoma macht alles mit. Sie
hat Tom und Heiner für ein Wochenende abge-
holt und dafür gesorgt, dass im Zug tolle Sitz-
plätze für sie reserviert wurden. Da können sie
sich gegenübersitzen und auf dem Tischchen
zwischen den Plätzen vielleicht sogar ihr Lieb-
lingsspiel spielen. Keiner stört. Die Frau neben
Oma ist in ein Buch vertieft.
Erst mal aus dem Fenster gucken. Tom findet
das zwar nicht so spannend, aber er weiß, dass
Heiner hügelige Wiesen und grüne Wälder mag.
Das mit den Wiesen und Wäldern nennt man
Landschaft.
Tom wackelt mit den Beinen. Hups. Jetzt hat er
die Lesefrau neben der Oma mit der Fußspitze
angestoßen. War keine Absicht. Die Frau schaut
aber auf.

»Das ist die Lieblingslandschaft von meinem
Bruder«, sagt Tom schnell, als könnte er sich
damit entschuldigen.
»Aha«, sagt die Frau.
»Das ist auch mein Lieblingsbruder.«
»Aha.«
»Ich habe ja nur einen.«
»Aha.«
»Tom«, ermahnt ihn die Oma. »Lass doch die
Dame in Ruhe lesen.«

»Schon gut«, sagt die Frau. Sie ist nett.

»Das ist meine Lieblingsoma«, fährt Tom deshalb fort. »Sie hat heute ihre Lieblingsbluse angezogen.«

»Aha.«

Oma will ihn ablenken. »Wollen wir Quartett spielen?«

O ja!

»Ich habe nämlich mein Lieblingskartenspiel dabei«, erklärt Tom der Lesefrau.

Heiner muss mitspielen.

»Na schön.«

*Hast du vielleicht die blaue Zwei?*

*Kann ich von dir die rote Vier bekommen?*

So geht das.

»Die rote Vier ist meine Lieblingskarte«, sagt Tom.

Die Lesefrau schaut wieder auf. Da hat Tom gerade das Quartettspiel gewonnen. Gewinnen, das ist sein Lieblingsereignis.

Nun muss Oma vorlesen. »Aus meinem Lieblingsbuch«, sagt Tom zu der Lesefrau. Da hat die Frau ihr Buch schon längst zugeklappt. Sie muss wohl oder übel der Lieblingsoma zuhören.

Bevor die Oma beginnt, will Heiner unbedingt noch was loswerden. »Hast du heute eigentlich 'ne Macke?«, stöhnt er. »Ist das jetzt dein Lieblingswort?«

»Was?«, fragt Tom.

»Liebling?«

»Ich bin nicht dein Liebling«, sagt Tom. »Ich bin Omas Liebling.«

# Zwei nützliche Strandläufer

Es ist toll, die Ferien am Meer zu verbringen. Selbst bei kühlem Wetter ist ein Spaziergang am Strand so nah am Wasser nicht langweilig. Heiner und Tom sammeln Muscheln, und wenn sie genug davon aufgehoben haben, werfen sie die Muscheln einfach wieder weg. Manchmal bleiben sie stehen und pulen mit der Fußspitze im Sand. Ob man vielleicht einen Schatz findet? Eine echte Schiffsplanke oder einen Bernstein oder eine alte Münze, die inzwischen viel wert ist. Papa und Mama maulen, weil sie beim Strandspaziergang nicht schnell genug voran-kommen. Aber es sind doch Ferien! Alle Zeit der Welt!

Die Eltern sind ein ganzes Stückchen voraus-marschiert. Macht nichts. Sie gehen nicht ver-loren. Zwischen ihnen und den Jungs läuft nur ein Mann. Jetzt bleibt er stehen und zieht ein Taschentuch aus der Jackentasche. Er putzt sich

die Nase und geht dann weiter. Mensch, der hat
gar nicht gemerkt, dass ihm was aus der Tasche
gefallen ist.

Tom und Heiner flitzen los. Heiner ist Erster.
Logisch. Weil Tom ja kleiner ist.

Und was liegt da im Sand? Oha. Der Mann hat
sein Schlüsselbund verloren! Er wird gar nicht
mehr ins Haus können oder ins Hotel oder in
sein Auto oder in die Garage oder ins Büro.
Alles ist möglich.

Heiner hebt das Schlüsselbund auf. Die Jungs
sehen sich kurz an, dann rennen sie dem Mann
hinterher. »Hallo, hallo, Sie da! Sie haben was
verloren. Hallo! Sie haben was verloren!«

Als der Mann sich umblickt und das Schlüsselbund sieht, kriegt er einen gehörigen Schrecken.
»Huch!«, sagt er. »Huch! Nicht auszudenken,
was alles passiert wäre!«

Hmhm. Heiner nickt und will schon wieder
loslaufen.

»Wartet mal, wartet mal«, sagt da der Mann.
»Ihr müsst doch Finderlohn bekommen.«
Finderlohn? Na, das ist ja klasse.

Der Mann hat zum Glück sein Portemonnaie

dabei. Zuerst guckt er in das Münzfach. Da ist
nichts drin. Ihm bleibt gar nichts anderes übrig,
als den Jungs einen Schein zu geben. Versprochen ist versprochen und wird nicht gebrochen.
»Teilt euch das doch bitte«, sagt er.
Heiner greift nach dem Schein. Er ist ja der
Ältere. Tom wird sich noch etwas gedulden
müssen.
»Danke nochmal«, sagt der Mann, bevor er
weitergeht. »Danke schön.«
Und wo sind nun die Eltern geblieben? Ach,
dort drüben. Doch ehe sie Mama und Papa
eingeholt haben, sehen sie, dass die Frau im

rosa Jogginganzug dahinten, die nahe den
Dünen über den Strand läuft, gerade ihr rosa
geblümtes Halstuch verloren hat. Es ist ihr einfach davongeflattert. Ohne das Halstuch wird
sie Schnupfen bekommen oder Halsschmerzen
oder Ohrenschmerzen. Alles ist möglich.
Heiner und Tom flitzen zu den Dünen und
heben das Halstuch auf. Rennen der Frau hinterher. »Hallo, hallo, Sie da! Sie haben was
verloren. Hallo! Sie haben was verloren!«
»Huch!«, sagt die rosa Frau. »Huch! Danke.
Danke schön.«
Die Jungs sehen die Frau erwartungsvoll an.
Und?
War da nicht noch was?
Na gut, man kann ja auch mal einfach nur so
nett sein. Oder hilfsbereit.

# Tom geht verloren

Einmal ist Tom verloren gegangen. Das war im Kaufhaus. Mama hat an dem Wühltisch mit der Bettwäsche nach passenden Bezügen gesucht. Da haben sich Tom und Heiner schon schrecklich gelangweilt. Heiner hat gemault und Tom hat furchtbar grimmig vor sich hin geguckt. Wenn er nicht der kleine Bruder von ihm gewesen wäre, dann hätte Heiner richtig Schiss gekriegt.

»Jaja«, hat Mama gesagt. »Ich komm ja schon.« Dann ist sie aber beim Wühltisch mit den Handtüchern stehen geblieben. Tom und Heiner sind mit hinübergegangen. Heiner hat noch mehr gemault, und Tom hat die Nase endgültig voll gehabt. Er hat sich auf dem Absatz umgedreht und ist abgehauen.

»Pass mir bloß auf Tom auf«, hat Mama Heiner aufgefordert.

Heiner hat gestöhnt, aber er ist Tom nach-

gelaufen. Bis in die Abteilung, wo die Damen-
sachen hängen, die Sachen mit dem ganzen
Fitzelkram und den Buseneinwickel-Dingern.
Auch das noch!
Heiner hat Tom den Weg abschneiden wollen.
Das hat auch geklappt. Heiner ist zwischen zwei
Wäscheständern auf den Gang gesprungen,
gerade als Tom vorbeimarschieren wollte. Aber
Heiner hat ihn nicht stoppen können.
Tom hat ihn nicht einmal angesehen. Er hat
gesagt: »Ich kann nicht mehr«, und ist stur an
Heiner vorbeigegangen.
Heiner war so verdutzt, dass er Tom nicht auf-
halten konnte. Er hatte es nicht für möglich
gehalten, dass Tom so etwas sagen würde. Es
hatte sich so erwachsen angehört.
Tom ist einfach weitergelaufen und um die Ecke
verschwunden.
Dann ist Mama gekommen.
»Wo ist Tom?«
Heiner hat nur mit den Achseln zucken können.
»Tom?«
»Tom!«
»Tom?«

Aber Tom hat sich nicht gemeldet. Mama ist
nach draußen gelaufen und hat dort nach Tom
gerufen, aber es war zwecklos. Tom blieb verschwunden.

Mama ist schrecklich aufgeregt gewesen, und
Heiner hat sie immer anschauen müssen. Er hat
sich ein bisschen schuldig gefühlt, aber nicht so
richtig.

Eine Frau, die mit diesen Busendingern in die
Umkleidekabine gehen wollte, hat Tom endlich
gefunden. Er hat auf dem fransigen Läufer vor
dem Spiegel gelegen und an die Decke gestarrt.
Als Mama und Heiner hingestürzt sind, ist er
wortlos aufgestanden. Er hat an Mama und
Heiner vorbeigesehen und ist einfach wieder
losmarschiert.

Mama hat nicht mit ihm geschimpft. Sie hat
wohl genau gewusst, dass Tom wirklich die Nase
voll hatte.

# Rote und blaue und schwarze Autos

Mama und Papa möchten sich ein neues Auto kaufen. Heiner und Tom werden auch in dem neuen Auto fahren. Beide dürfen mit zum Autohändler.

Die Eltern nehmen vor dem Schreibtisch des Autoverkäufers Platz und überlegen hin und her, welches Auto denn für die Familie passend wäre. Da müssen die Jungs nicht unbedingt dabei sein. Wenn Erwachsene etwas zu besprechen haben, ist das meistens ziemlich öde. Die Jungs schleichen lieber durch die Ausstellungshallen. Heiner fasst alle Autos an, streicht mit den Händen über die glänzenden Karosserien und schnuppert an den Ledersitzen. Riecht gut.

Tom entdeckt einen weiteren Autoverkäufer. Der hat nichts zu tun. Jetzt muss er sich mit Tom unterhalten. Da kriegt er was zu tun.

»Ich möchte ein Auto kaufen«, sagt Tom und

dann nochmal: »Ich möchte ein Auto kaufen!«
Der Verkäufer hat nämlich nicht hingehört.

»Aha«, sagt er dann. »Also ... du möchtest ein Auto kaufen.«

»Ja«, sagt Tom sehr bestimmt. »Was gibt es denn so?«

»Nun ...« Der Verkäufer ist noch etwas zögerlich. »Es gibt rote und blaue und schwarze Autos.«

»Wie viel Kilometer?«, will Tom wissen.

»Möchtest du denn ein gebrauchtes Fahrzeug kaufen?«

»Nee«, sagt Tom verwundert. »Neu! Und wie schnell?«

»Ach so«, sagt der Verkäufer. »Bis zu zweihundertdreißig Kilometer in der Stunde.«

»Ist das viel?«, fragt Tom.

»Das ist hervorragend«, sagt der Verkäufer. »In sechs Sekunden von null auf hundert.«
Darunter kann Tom sich nichts vorstellen.
Er sagt: »Na, dann zeig mir mal so was. Sechs auf hundert.«

Der Verkäufer macht eine große, ausholende Armbewegung. »Alle Wagen hier schaffen das.« Tom sieht sich um. »Die sind zu groß«, sagt er. »Das habe ich mir gedacht«, meint der Autoverkäufer.

»Ich kann ja noch nicht Auto fahren«, sagt Tom. Jetzt kommt Heiner ihm zu Hilfe: »Mein Bruder möchte ein Modellauto haben.«

»Ach so«, sagt der Verkäufer. »Darauf hätte ich auch selber kommen können.«

Hmhm.

»Was denn für eins?«, fragt er. »Ein rotes oder ein blaues oder ein schwarzes?« Er zeigt auf eine Glasvitrine mit lauter kleinen Autos drin.

»Sind die umsonst?«

»Nein«, sagt der Verkäufer. »Die kosten auch was.«

»Teuer?«

»Na ja«, sagt der Autoverkäufer.

Das ist keine Antwort, aber Tom sieht sich die Spielzeugautos in der Vitrine mal an, die roten, die blauen und die schwarzen Autos.

»Da ist nicht das Richtige dabei«, sagt er. »Ich möchte ein Polizeiauto.«

»Dann tut es mir leid«, sagt der Verkäufer.

Schade, Tom hat nicht bekommen, was er will.

Papa und Mama übrigens auch nicht.

Dann ist ja gut.

# Blödsinn machen

»Es wird anständig gegessen!« Wie oft haben die
Jungs das schon von Papa oder Mama gehört.
Aber sie machen gerne Blödsinn beim Essen.
Das geht am besten, wenn sie alleine am Tisch
in der Essecke sitzen, Mama noch in der Küche
zu tun hat und Papa vielleicht die Getränkekis-
ten aus dem Keller holt.
Tom tritt Heiner unter dem Tisch ans Schien-
bein. Heiner will zurücktreten, aber sein kleiner
Bruder hat die Beine blitzschnell unter dem
Stuhl versteckt.
Na warte!
Jetzt geht es oben weiter. Oben – das ist auf der
Tischplatte. Aus der Serviette einen Papierflieger
falten und ihn dem anderen auf den Kopf segeln
lassen.
»Manno!«, brüllt Tom. Er fischt eine Pommes
aus der Ketchup-Soße und wirft sie über den
Tisch. Sie landet auf Heiners Teller.

»Iii«, schreit Heiner. »Deine besabberte
Pommes ess ich nicht. Iii!«
Mama schaut um die Ecke.
»Mit Essen spielt man nicht!«, droht sie.
Die Jungs ziehen die Köpfe ein. Sie beugen sich
tief über die Teller. Aber sobald Mama wieder
verschwunden ist, geht es weiter.
»Iii, was du da auf deinem Teller hast!«
»Was denn?« Tom guckt erschrocken auf seine
Ketchup-Pommes.
»Rote Krokodile.«
»Du spinnst ja! Ich habe keine roten Koko-
drile …«
»Kokobrile.«
»Kokafile.«
»Kakomile.«
»Kakapile.«
»Na, na, na«, ruft Mama. »Jetzt reicht's aber.«
Nee, Mama, man kann nicht einfach aufhören
mit dem schönen Blödsinn. Man muss weiter
und weiter und weitermachen.
»Du hast Schnecken im Salat.«
»Und du hast Mäusepipi im Glas.«
»Und dein Apfelmus sieht aus wie ein Haufen.«

»Noch ein Wort!«, brüllt Mama. »Es wird anständig gegessen! Ich will so was nicht mehr hören!«
Was denn? Heiner hat doch gar nichts gesagt. Fast nichts! Und an welches Wort hat Mama eigentlich gedacht?

## Regen in der Stadt

Bei Regen in der Stadt rumlaufen, das ist was ganz Besonderes.

Tom und Heiner sind mit Mama einkaufen. Sie müssen ihre Gummistiefel tragen und die Regenmäntel mit Kapuze. Dicke Pullover mit Rollkragen drunter. Es ist ja schon ziemlich kalt. Ein bisschen sehen sie aus wie echte Marsmenschen. Wegen der nassen Straßen spiegeln sich die Häuser in den Pfützen. Das sieht aus, als ob die Stadt nach unten weiterginge. Die Bürgersteige sind hell und glitzernd. Man sieht alles doppelt und dreifach und mehr.

Hier hat einer sein Kaugummi verloren. Das ist ja noch komplett eingewickelt! Tom und Heiner haben es gleichzeitig entdeckt und stürzen hin. Mama, die unter ihrem Regenschirm ein Stückchen vorausgelaufen ist, dreht sich gerade noch rechtzeitig um. »Nichts von der Straße aufheben!«, ruft sie.

Och.

Aber was liegt denn da vor dem Eingang zur Drogerie? Ist das ein Babyschnuller oder doch ein Brauselutscher?

»Kinder!«, ruft Mama. »Ihr sollt nichts von der Straße aufheben!«

Schon gut. Wissen sie doch! Sie trotten brav hinter Mama her. Gleich sind sie beim Auto angekommen. Da hat der Spaß sowieso ein Ende. Da vorne steht es schon. Mama ist stehen geblieben und wühlt in ihrer Handtasche. Das ist kompliziert mit dem Schirm in der einen und der Einkaufstüte in der anderen Hand. Endlich hat sie den Autoschlüssel gefunden. Aber gleichzeitig mit dem Schlüssel flutscht auch ihr Notizbüchlein aus der Tasche und platscht auf den regennassen Gehweg.

»So ein Mist«, jault Mama. »Kinder, könnt ihr mir mal …«

Sie bricht ab und schnauft. Dann bückt sie sich schnell selbst und hebt ihr Büchlein auf.

Soll Heiner Mama jetzt ermahnen?

## Zu viele Hundekekse

Die Leute nebenan haben einen Hund. Bello.
Der ist vielleicht süß! Total verspielt. Hops,
hops, hops, so geht es in einer Tour. Heiner
und Tom, die stundenlang mit ihm spielen
dürfen, kommen ganz schön ins Schwitzen. Sie
dürfen ihm auch das Fressen hinstellen. Wie
Bello dann mit dem Schwänzchen wedelt! Und
ganz verrückt vor Freude wackelt es, wenn er
Hundekekse bekommt. Wenn Tom ihm dabei
zuschaut, läuft sogar dem das Wasser im Mund
zusammen. Mama hat erklärt, dass es Hundekekse und keine Kinderkekse sind. Hundekekse
dürfen Kinder nicht essen. Niemals!
Tom hat aber nicht widerstehen können. Was
Bello essen darf, kann ihm doch nicht schaden.
Oder? Vielleicht hat Mama das nur gesagt, weil
Tom so schrecklich gerne Kekse isst, besonders
vor dem Mittagessen.
Tom hat also einen Hundekeks probiert. Der

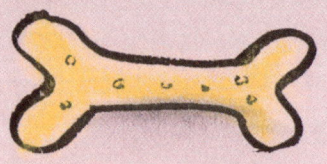
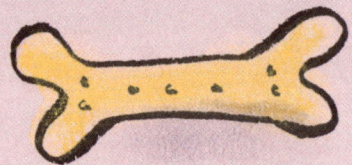

war ein bisschen hart, aber er hat geschmeckt, und Tom hat richtig Hunger davon bekommen. Deshalb hat er noch mehr Hundekckse gegessen. Ziemlich viele. Er ist proppenvoll davon, nudelsatt, und jetzt hat er Bauchschmerzen. Muss er das Mama beichten? Sie wird schimpfen, und das ist nicht gut auszuhalten. Aber weil der Bauch doller und doller wehtut, kann er es nicht mehr für sich behalten. Er beichtet es Heiner, noch als sie draußen im Garten stehen.

»Du bist vielleicht doof«, sagt Heiner. »Du kannst doch nicht Hundekuchen essen!«

»Nicht Mama sagen«, jammert Tom.

»Versprochen?«

»Ich weiß nicht recht«, sagt Heiner.

»Versprich es mir!«

»Na schön«, sagt Heiner. »Mann, du bist vielleicht doof.«

Aber die Bauchschmerzen werden nun schlim-

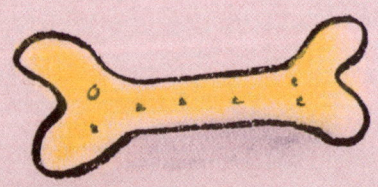
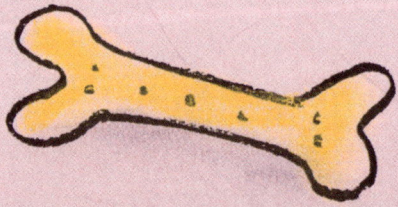

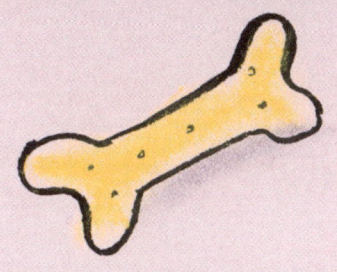
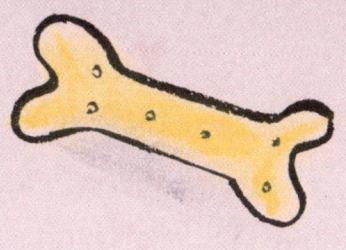

mer und schlimmer. Tom fängt an zu heulen
und hält sich den Bauch. Und was nun?
Oha. Mama kommt raus. »Was ist los? Heiner!
Hast du Tom geärgert?«
Heiner darf doch nichts sagen. Ein Versprechen
muss man halten, auch wenn Tom doof gewesen
ist. Aber muss man auch die Klappe halten,
wenn was Schlimmes passieren könnte? Weil
Hundekekse für Kinder vielleicht giftig sind?

Was soll Heiner denn jetzt machen? Was ist,
wenn Tom ganz doll krank wird. Wenn er stirbt?
Heiner heult auch los.

»Mensch, Kinder!«, ruft Mama ratlos. »Was
ist denn los? Warum weint ihr? Ist jemand
gestorben?«

»Ja«, schluchzt Heiner. »Tom.«

»Was?«, stößt Mama aus. »Erzähl doch keinen
Unsinn. Tom, was ist passiert?«

»Hundekeks«, jault Tom und wirft sich in
Mamas Arme. »Mein Bauch.«

»Aha«, sagt Mama. »Hast du Bellos Kekse
gegessen?«

»Jahaha«, weint Tom. Sein Gesicht ist über und
über mit Tränen und Schnodder beschmiert.

»Wie viele?«, fragt Mama noch.

»Viele«, sagt Tom unter den dicksten Tränen.

»Bauchschmerzen«, sagt Mama und schüttelt
den Kopf. »Na, die werden vorübergehen. Du
musst jetzt viel trinken. Und dass du mir nie
wieder Hundekekse isst! Versprich mir das!«

Ach, Mama, mit dem Versprechen ist das so eine
Sache!

# Wünsche zum Ankreuzen

»Was wünscht ihr euch denn zu Weihnachten?«, fragt die Lieblingsoma die Jungs nach dem Adventssingen.

Hm. Na dies und das. Spielzeug und so was alles. Tom sieht Heiner an, und Heiner schaut hinüber zu Tom. Sie denken beide dasselbe, klar, alles, was man sich so wünscht.

»Na, vielleicht ist hier noch was dabei«, meint die Oma und kramt in ihrer Handtasche. »Ich habe so einen Spiel-mit-Katalog für euch eingesteckt. Kreuzt doch mal eure Wünsche an.«

Gute Idee.

Mit dem Spiel-mit-Katalog verziehen sich die Jungs in ihr Zimmer. Heiner hat einen dicken Filzstift mitgenommen und fängt bei Seite eins an.

*»Prall gefüllt mit einer Riesenauswahl an tollen Spielideen für drinnen und draußen«*, liest er vor.

Das hört sich schon mal gut an.

Auf Seite eins gibt es das Piratenschiff.

»Ankreuzen«, sagt Tom.

Auf Seite zwei gibt es Nintendo.

»Ankreuzen.«

Auf Seite drei gibt es PlayStation, auf Seite vier das Entdeckungszelt, auf Seite fünf das Elektro-Quad.

»Ankreuzen.«

Auf Seite sechs … auf Seite achtzehn … auf Seite fünfunddreißig …

»Ankreuzen.«

Tischtennis-Kompakttisch … Kinder-Inlineskate … Gokart … Gokart-Anhänger …

Seite vierundsechzig …

Auf Seite vierundsechzig ist Schluss. Da steht nur noch Blablabla, da gibt's nichts zum Ankreuzen.

Geschafft! Ganz schön viel Arbeit, alle Wünsche anzukreuzen.

»Hier, Oma«, sagt Heiner und legt ihr den Katalog auf den Tisch.

Die Oma beginnt zu blättern. Dann lacht sie lauthals los.

»Ihr habt ja den ganzen Katalog angekreuzt«,
prustet sie. »Alles, aber auch alles!«

»Du hast doch gesagt, alles, was wir uns wün-
schen.« Tom weiß gar nicht, was es da zu lachen
gibt.

»Das sind alle unsere Wünsche«, sagt nun auch
Heiner.

Ja, Heiner, mach das der Oma mal klar.

# Boris-Geschichten

# Krieg der Vögel

Dieser Tag im Januar ist stinklangweilig. Draußen ist es grau. Die Wolken hängen tief und die Luft ist feucht.

Boris wartet auf Schnee. Dann sähe der Winter netter aus.

Trotzdem ist draußen was los. Vor dem Fenster im Baum an der Grenze zu den Nachbarn hat Papa ein Vogelhäuschen aufgehängt. Außerdem baumeln viele, viele Futterbälle an den Ästen der Büsche links und rechts daneben. Die Vögel kommen mehrmals am Tag zu Besuch. Seitdem Papa für das Futter sorgt, sind die Vögel zu faul, selber danach zu suchen. Sie haben ja jetzt einen gedeckten Tisch. Sozusagen.

Boris stellt sich im warmen Wohnzimmer an das Fenster und beobachtet die Vögel. Jeden Tag passiert etwas anderes. Schon morgens, wenn Papa draußen Apfelstückchen auf dem Boden verteilt, warten die Amseln

nur darauf, dass er wieder geht, und sobald er
um die Ecke verschwunden ist, stürzen sie sich
auf die Apfelstückchen. Sie picken und picken so
eifrig daran herum, dass in null Komma nichts
alles weg ist oder nur noch ein kleiner Rest dort
liegen bleibt.

Oben, auf den Zweigen der Büsche, haben
sich Spatzen niedergelassen. Sie sind vorsichtig,
schauen nach links und schauen nach rechts,
ob die Luft rein ist. Dann fliegen
sie los, einer ins Vogelhäuschen,
einer krallt sich an ein Futternetz
und zwei flattern um ein und
denselben Körnerball. Nun möchten
auch die Meisen was davon abbekommen. Boris
kann sie schon auseinanderhalten,
die Kohlmeise, die Blaumeise
und die Haubenmeise. Meisen
und Spatzen zusammen – das
geht. Und auf einem der unteren
Zweige wartet ein Fink, dass er an die Reihe
kommt.

Wer nicht warten kann, das ist ein Eichelhäher. Im Vergleich zu den Spatzen ist er riesig. Der Eichelhäher sieht zwar mit den braun-weiß gesprenkelten und blau gestreiften Federn schön aus, aber er ist rabiat. Er verjagt die kleinen Vögel. Na, was soll denn das? Das ist gemein! Aber pass mal auf! Nun kommen die Amseln angeflogen. Im Sturzflug jagen sie an den Eichelhäher heran. Der lässt sich jedoch nicht beirren. Amseln? Pah!

Wenn das ein Krieg *Amseln gegen Eichelhäher* ist, dann geht er unentschieden aus.

Aber der Krieg dauert an. Eine Elster hat nämlich den Busch und die anderen Vögel entdeckt. Sie ist genauso groß wie der Eichelhäher und kommt mit schrecklichem Gezeter angeflogen. Der Eichelhäher haut sofort ab, die Elster mit den weißen und schwarzen Federn hat gewonnen.

Und was machen die Amseln? Sie nehmen den Kampf auf – und verjagen die große Elster! Die flüchtet tatsächlich auf den nächsten Baum und beobachtet von da aus das Treiben, genauso wie Boris von drinnen.

Nun kommen auch die Spatzen wieder angeflogen. Sie trauen sich neben die Amseln an
das Futter.
Und die Elster auf dem Baum? Ach, jetzt sind es
sogar zwei Elstern, vielleicht zwei Schwestern.
Die zweite ist wohl vernünftiger als die erste.
Sie nimmt die Schwester mit nach unten auf den
Boden, wo noch die Reste der Apfelstückchen
liegen und ein paar heruntergefallene Körner
aus dem Vogelhäuschen. Keiner muss hungern.

# Die neuen Schuhe

Beide bekommen heute neue Schuhe, Boris und
Papa.

Boris weiß genau, was er will. Turnschuhe
mit Streifen, einer hohen Lasche und langen
Schnürsenkeln, die man oben mindestens zwei-
mal um den Schaft wickeln kann. Die Verkäuferin hat das sofort kapiert. Sie kommt gleich
mit dem richtigen Paar zurück. Thema
durch!

Nur bei Papa dauert es länger. Seine Schuhe
sind schon alte Kähne, und er möchte, dass auch
die neuen Schuhe lange halten. Sie sollen jedoch
modisch sein, strapazierfähig, schick und solide,
alles auf einmal. Er probiert mindestens hundert
Paar Schuhe an. Wenigstens ist er sicher, dass
sie schwarz sein sollen. Hat er einen
rechten Schuh anprobiert, bringt die
Schuhverkäuferin den Karton mit
dem linken Schuh. Passt der

rechte Schuh, ist der linke zu klein. Passt der linke Schuh, drückt der rechte. Mannomann! Endlich hat Papa nur noch zwei Schuhpaare zur Auswahl. Das eine ist vorne ziemlich rund, das andere hat eher eine längliche Spitze.

»In diesem Jahr ist der mehr spitz zulaufende Schuh modern«, sagt die Verkäuferin.

»Und im nächsten Jahr?«, hakt Papa nach.

Die Verkäuferin zuckt mit der Schulter.

»Vielleicht der runde?«, vermutet sie.

Papa sieht Boris ratlos an. »Was meinst du?«, fragt er. »Was soll ich machen?«

Boris weiß doch auch nicht. Papa ist vielleicht kompliziert!

Die Verkäuferin sagt: »Ich würde den Preis entscheiden lassen.«

»Gute Idee«, meint Papa und entscheidet sich für den Schuh mit der spitzen Spitze. »Außerdem ist vorne noch viel Platz. Da könnte ich sogar noch dicke Socken anziehen.«

»Na, sehen Sie«, sagt die Verkäuferin. »Wollen Sie den Karton mitnehmen?«

»Nein«, sagt Papa, aber Boris sagt: »Ja.«

Die Verkäuferin packt Papas alte Schuhe in den

Karton, weil er das neue Paar gleich einlaufen möchte.

Weil alles doch noch so gut geklappt hat, wollen sie sich von der Imbissbude ihr Lieblingsessen mitnehmen, Erbsensuppe mit Speck und Würstchen.

»Brauchen Sie eine Tüte oder geht es so?«, will der Imbissmann wissen.

»Es geht auch so«, sagt Papa. Er balanciert das Essen in der Warmhalteschale mit dem Deckel, und Boris trägt den Schuhkarton mit den alten Kähnen.

An der Stelle, wo der Bürgersteig sich verzweigt und die eine Hälfte unter die Häuserbögen führt, muss man drei, vier Stufen erklimmen. Kein Problem. Bis heute. Papa hat sich nämlich doch nicht die richtigen Schuhe gekauft. Er stößt mit der spitzen Spitze an eine Treppenstufe. Zuerst fällt ihm die Schale mit der Erbsensuppe aus den Händen. Dann knallt er selber hin. Er kann sich noch etwas auffangen, aber die Erbsensuppe ist dahin. Der Deckel von der Suppenschale hat sich gelöst, und die ganze Chose ergießt sich über die Treppe.

Ist das eine Katastrophe?

Nee. Boris und Papa schütten sich aus vor Lachen. Und Papa meint: »Ich habe mir doch die falschen Schuhe ausgesucht. Ich hätte die runden Schuhe nehmen sollen und nicht solche Hinknall-Dinger.«

Zu spät. Jetzt muss Papa damit laufen lernen.

# Der Krachmacher

Eigentlich wollten Papa und Boris nur spazieren gehen. Einen Schaufensterbummel machen.

Die Straße ist voll. Auf den Bürgersteigen links und rechts von der Fahrbahn tummeln sich die Leute. Heute, am Samstag, sind die meisten Menschen nur zum Vergnügen unterwegs. So ist es auch mit Boris und seinem Papa.

Vor der großen Buchhandlung unter den Betonbögen ist ein Zelt aufgebaut. Was gibt es denn da? Vielleicht was zu futtern?

Hups, das ist ja mal was ganz Neues. Unter dem Zeltdach sind Musikinstrumente aufgebaut. Wie für eine richtige Band.

»Lass uns mal hingehen, Papa.«

Da gibt es alles, was das Herz begehrt. Große und kleine Flöten, Klarinetten, Posaunen. Pauken und Trompeten. Sogar ein Klavier steht dort. Und ein Schlagzeug. Man darf alles ausprobieren. Prima!

Boris schaut sehnsüchtig auf die große Pauke.

»Hier mein Junge«, sagt der Mann im Zelt, der Prospekte mit den abgebildeten Instrumenten verteilt, und drückt ihm einen Paukenschläger in die Hand.

Soll Boris wirklich einmal Pauke spielen?

Auch Papa zweifelt noch: »Darf man tatsächlich …«

»Anfassen, reinblasen, draufhauen«, sagt der Mann. »Nur zu.«

Boris stellt sich vor die Pauke. Das ist ein riesengroßes Becken mit einer Haut drüber. So eine raue Tierhaut.

Der Paukenschläger ist ein Stock mit einer Fellkugel. Vorsichtig streicht Boris damit über die Pauke. Das gibt einen dunklen Ton, leise, aber schön. Dann lässt er die Kugel hopsen. Wumm, wumm, wumm. Auch schön.

Boris sieht sich nach Papa um.

»Ob ich mal …«, sagt Papa zu dem Mann. »Ich wollte schon immer mal …«

»Aber ja«, sagt der Mann mit den Prospekten.

»Anfassen, reinblasen, draufhauen. Nur zu.«

Papa hat ebenfalls gefunden, was sein Herz

begehrt. Das Schlagzeug! Er klemmt sich hinter
die vielen Tamtams und die Bimmelbammel-
scheiben. Zuerst weiß er nicht, ob er sich für die
zwei Stöcke oder diesen langen Glitzerhaarpinsel
entscheiden soll. Für laut oder leise.

Viele Leute sind vor dem Zelt stehen geblieben.
Papa soll ihnen was bieten. Auch Boris hat den
Schläger wieder auf die Pauke gelegt und sieht
hinüber. Was hat Papa vor?

Papa räuspert sich. Aber er braucht ja nicht zu
singen. Dann legt er los. Mit den zwei Stöcken
und Rawumm, rawumm. Boris hat gar nicht
gewusst, dass Papa so ein Krachmacher sein
kann. Die Leute sind hellauf begeistert. Aber
noch glücklicher ist Papa. Das sieht man an
seinen Augen. Und dann fuchtelt er mit den
Stöcken herum, pampampam, tschabumm,
tschawumm, so wild, dass ein plötzlicher Sturm
aufkommt und zwischen den Häuserzeilen
durch die Straße fegt. Die Zeltwand bläht sich
und die Prospekte von dem Mann fliegen in
der Gegend herum. Die Flöten kullern über die
Tische und der Posaune entfährt ein heulender
Ton. Die Leute müssen sich Hüte, Schals und

sogar ihre Taschen festhalten, damit sie nicht weggefegt werden.

Papa hat auch einen Schreck bekommen. Er steht auf, greift nach Boris' Hand und flüchtet. Er hat wohl gar nicht gewusst, wie stürmisch er Schlagzeug spielen kann.

# Pizza

Dort drüben sitzt eine dicke Frau. Gerade hat
sie einen großen Teller Salat verspeist, und jetzt
hat sie sich noch die größte Pizza der Welt
bestellt.

Papa hat sich und Boris die kleinste Pizza der
Welt bestellt. Papa meint, das reiche. Boris weiß
noch nicht so genau. Aber als er die größte
Pizza der Welt sieht, die gerade der dicken Frau
gebracht wird, denkt er doch, dass Papa recht
haben könnte. Die größte Pizza der Welt reicht
fast über den ganzen Tisch.

Boris isst Pizza immer mit der Hand. Das macht
mehr Spaß, als mit Messer und Gabel rum-
zuschnippeln.

Papa liest die Speisekarte. Ob es nachher noch
einen Nachtisch geben wird?

Boris muss immerzu auf die dicke Frau schauen.
Während sie isst, telefoniert sie mit ihrem
Handy. Zwischendurch schiebt sie sich was in

den Mund. Zuerst ist es der Salat gewesen und nun die Pizza.

Sie wird die größte Pizza der Welt nicht schaffen, denkt Boris, sie sollte den Rand nicht mitessen. Da die Frau mit einer Hand das Telefon hält und deshalb auch nur mit einer Hand essen kann, hat sie sich die Pizza in viele, viele Dreiecke schneiden lassen. Insgeheim wettet Boris nun, dass sie die Pizza nicht aufessen wird. Höchstens ohne Rand. Und wenn er gewinnt, dann wird er noch einen Nachtisch bekommen, das macht er mit sich selber ab.

Die dicke Frau winkt dem Kellner. Der soll ihr Wein bringen. Dann telefoniert sie weiter und isst und isst und quatscht und quatscht, alles zusammen. Die Stücke, die sie sich in den Mund schiebt, haben alle noch den Rand. Das kann sie niemals alles essen! Deswegen wird Boris die Wette gewinnen.

Die Frau hat schon die Hälfte der Pizza vertilgt. Sie winkt dem Kellner, damit er ihr ein zweites Glas Wein bringt. Dann isst sie weiter. Telefonieren tut sie auch noch. Sie merkt ja gar nicht, wie viel sie isst! Sie wird gleich platzen.

Boris und Papa sind mit dem Essen fast fertig. Aber Boris muss wissen, wie seine Wette ausgeht. Deswegen isst er extra langsam.

Jetzt liegt nur noch ein Pizza-Dreieck vor der Frau. Sie schaut auf ihren Teller. Sie nimmt noch einen Schluck Wein. Dann stößt sie auf. Boris kann das nicht hören, aber die Frau hält sich die Hand vor den Mund und schaut sich um, weil ihr der Rülpser peinlich ist. Und Boris hat genau gesehen, wie ihr dicker Bauch einen Hopser gemacht hat.

Es sieht aus, als würde Boris die Wette gewin-

nen. Sie schafft es nicht, sie schafft es nicht!
Die größte Pizza der Welt ist nicht zu schaffen,
das hätte die dicke Frau wissen müssen. Wette
gewonnen. Boris wird Nachtisch bekommen!
Papa greift noch einmal nach der Speisekarte.
Aber was ist denn das jetzt? Die dicke Frau
greift nach dem letzten Stück Pizza und schiebt

es sich komplett in den Mund! Und einen
Kaffee bestellt sie sich auch noch.

Mannomann. Das hätte Boris nicht für möglich
gehalten.

Er ist nun auch mit seiner Pizza fertig. Mit der
kleinsten Pizza der Welt. Papa klappt die Speisekarte zu und legt sie zurück auf den Tisch.

»Wir lassen das heute mit dem Nachtisch.«

Hat Boris doch gewusst!

# Miau

Boris liebt Tiere. Leider hat er kein eigenes Tier.
»Das ist zu viel Verantwortung«, sagt Papa.
»Und was soll man mit dem Tier machen, wenn
man verreist?«
Trotzdem, Boris ist sicher, dass die Tiere auch
ihn lieben. Zum Beispiel …
Zum Beispiel was?
Zum Beispiel diese Katze da.
Sie läuft jetzt schon seit einer Ewigkeit hinter
Boris her. Es ist eine schwarze Katze mit drei
weißen Söckchen und einem weißen Lätzchen
auf der Brust. Es sind keine echten Söckchen
und auch kein echtes Lätzchen, man sagt das
nur so, weil die weißen Flecken auf dem Fell so
aussehen.
Die Katze trägt ein Halsband. Das bedeutet,
sie gehört zu jemandem und rennt nicht
bloß hinter Boris her, weil sie von ihm was
zu fressen oder ein warmes Katzenkörbchen

haben möchte. Nein. Sie liebt Boris nämlich. So einfach ist das.

Die Katze macht *miau*.

Hört Papa das nicht? *Miau* heißt: *Warte auf mich. Miau* heißt auch: *Streichel mich* und *Ich will mit dir spielen.*

Boris bleibt stehen. Da kommt die Katze gleich schnell angehoppelt.

Aber Papa ruft: »Boris! Nein! Bitte fass die Katze nicht an.«

»Warum nicht?«

»Weil es eine fremde Katze ist.«

Was soll das denn heißen? Boris kennt doch nicht eine einzige Katze, alle Katzen auf der Welt sind für ihn fremde Katzen. Das kann doch nicht heißen, dass er überhaupt keine Katzen anfassen darf. Aber wahrscheinlich meint Papa genau das.

Boris seufzt. Er ist sehr unglücklich. Die Katze steht jetzt vor ihm und schaut ihn treuherzig an. Sein Herz schmilzt.

Aber Papa ruft schon wieder.

Boris wendet sich schnell von der Katze ab.

Seine Augen werden feucht. Wie er so dahin

läuft, ist er schon fast blind vor Tränen.

Als Papa nach seiner Hand greift, dreht Boris sich noch einmal um. Die Katze versteht nicht, dass er nichts mit ihr zu tun haben soll. Sie kommt nämlich hinterher. Wie kann er ihr zu verstehen geben, dass er sie nicht anfassen darf? Auch wenn er sie sehr lieb hat.

Aber die Katze ist nicht dumm. Sie springt in den nächsten Vorgarten und rennt los. Sie flitzt durch mehrere Gärten und überholt Boris und seinen Papa. Dann springt die Katze zurück auf den Bürgersteig und stellt sich ihnen einfach in den Weg.

*Miau.*

*Miau, miau.*

»Na, du bist mir vielleicht eine«, sagt Papa und geht in die Knie.

Darf Boris sie jetzt anfassen? Kann er sie jetzt streicheln?

Jawohl!
Die Katze hat sich einfach auch in Papas Herz
geschlichen.

# Blockflöte spielen

Im September fängt die Schule an. Erste Klasse!
Boris ist schon mordsaufgeregt.
Lesen lernen, schreiben lernen, rechnen lernen.
Als ob das nicht schon reichen würde. Aber
Papa möchte unbedingt, dass er auch lernt, ein
Instrument zu spielen. Da kommt nicht viel in
Frage. Ein Klavier ist zu groß, eine Posaune ist
zu laut, Pauke und Schlagzeug sind zu groß und
zu laut.
»Mundharmonika«, schlägt Boris vor.
Aber Papa ist dagegen, weil niemand in einem
Orchester Mundharmonika spielt. Will er denn
einen richtigen Musiker aus Boris machen?
In der Schule, in die Boris gehen wird, findet
nachmittags Musikunterricht statt. Papa hat ihn
für den Blockflötenkurs angemeldet. Er meint,
mit Blockflöte fängt alles an. Danach erst kommen die anderen Instrumente dran, in die man
blasen muss, Querflöte und so. Am Schluss kann

man sogar Saxophon spielen. Saxophon ist
nicht so laut wie Posaune.

Heute ist Schnuppertag beim Flötenkurs.

Sie sind ein bisschen spät dran. Schon auf dem
Flur kann man das Düdeldüdeldütt hören.

Papa will auf dem Korridor vor dem Flöten-
zimmer auf ihn warten.

Boris muss ja jetzt so tun, als wäre er schon
ein richtiges Schulkind, das sogar ein Instrument spielen lernt. Er öffnet die Tür, tritt in
das Klassenzimmer und schließt die Tür tapfer
hinter sich.

Aha. Da ist die Flötenfrau. Die Flötenlehrerin.
Sie sieht eigentlich ganz nett aus.

Und wer ist sonst noch da?

Ach du Schreck. Da steht ein ganzer Haufen
Kinder rum. Alle starren ihn an. Und alle sind
Mädchen!

Boris dreht sich auf dem Absatz um und läuft aus dem Klassenzimmer.

»Da geh ich nie mehr rein«, sagt er. »Nur Mädchen!«

Was wird Papa jetzt machen? Wird er ihn zwingen?

Nein, das tut er nicht.

Niemals wird Boris ein richtiger Musiker werden!

Er wird höchstens mal Mundharmonika spielen.

Aber nicht in einem Orchester.

In einer Band!

# Entschuldigung

Mitten in der Stadt herrscht ein ziemliches Gedränge. Alle Leute gehen freitags einkaufen. Das ist blöd.

Papa will, dass Boris an seiner Seite bleibt. Das klappt wegen der vielen Leute nicht immer. Macht nichts. Er ist ja längst kein Baby mehr. Seit einiger Zeit geht er sogar schon zur Schule. Boris läuft also manchmal neben Papa her und manchmal hinter ihm. Er hat seinen Rucksack geschultert. Da hat er seinen Computer drin, das ist aber nur ein Mini-Mini-Mini-Computer. Außerdem noch ein Paket Taschentücher und das Felix-Portemonnaie mit ein paar Münzen von seinem Taschengeld. Falls ihm was Gutes über den Weg laufen sollte.

Auf der Haupteinkaufsstraße kommt man schlecht voran. Boris wird angerempelt. Sein Rucksack rutscht von der Schulter.

»Setz den Rucksack richtig auf«, rät Papa ihm.

»Ja«, sagt er, »mach ich schon«, und fährt mit den Armen durch beide Schulterriemen. Wegen der vielen Leute ist das etwas kompliziert. Hat aber geklappt.

Da sagt eine Frau in einem Bärenmantel plötzlich: »Entschuldigung.«

Boris dreht sich um. Er lächelt. Die Bärenfrau schaut sich ebenfalls um. Ihr Blick fällt auf Boris. Sie lächelt zurück, aber dann ist sie schnell aus seinem Blickfeld verschwunden.

Entschuldigung?

Boris bleibt stehen und muss überlegen. Warum hat sich die Frau entschuldigt? Hat sie ihn überhaupt angerempelt? Das hätte er doch gemerkt. Hat sie ihm vielleicht die Mütze geklaut und hinterher schadenfroh gegrinst? Boris fährt mit der Hand über seinen Kopf, aber die Mütze ist noch da. Oder hat sich die Bärenfrau an seinem Rucksack zu schaffen gemacht, als er ihn geschultert hat? So was gibt es! So was gibt es im Fernsehen! Deshalb schaut Boris lieber mal nach. Vielleicht hat ihm die Frau den Computer gestohlen und hinterher noch hämisch gelacht. Oder sein Taschengeld ist weg.

»Boris!«, ruft Papa schon. »Wo bleibst du
denn?«

Erst muss er in den Rucksack gucken. Mannomann, bei dem Gewusel um ihn herum ist das
gar nicht so leicht.

Geschafft! Alles noch drin. Nichts ist geklaut.
Na, was hat er denn gedacht? Vielleicht hat
sich die Bärenfrau bei jemand ganz anderem
entschuldigt. Aber warum hat sie Boris dann
angelacht? Nur weil er gelächelt hat? Vielleicht
hat er sie damit angesteckt. Ob das funktioniert?
Boris probiert das gleich mal aus. »Entschuldigung«, sagt er und lächelt den Mann an,
der ihm entgegenkommt. Er sieht aus
wie Rübezahl.

Rübezahl stutzt einen Moment,
dann lächelt er zurück. Das sieht
Boris ganz genau.

Aha. Das mit der Entschuldigung nennt man wohl
Missverständnis. Aber das
mit dem Lächeln
funktioniert
tatsächlich.

# Die Bratwurst

Endlich ist Weihnachtsmarkt, und Boris geht
sogar im Dunkeln mit Papa hin. Na ja, im
Dezember wird es ja schon um vier Uhr nach-
mittags dunkel.
Es gibt viel zu gucken. Die Stände mit den bunten Weihnachtskugeln und die mit der Engels-
kapelle. Buden mit Lammfellhandschuhen
und Fensterbildern. Mit Glasperlenketten und
Kräuterbonbons. An zwei Ständen bruzzeln sie
Kartoffelpuffer. In der Mitte des Weihnachts-
marktes dreht sich ein Kinderkarussell, und im
Rathaus daneben ist Tag der offenen Tür mit
Künstlerbildern und Filzblumen, die man zu
Weihnachten verschenken kann. Überall riecht
es nach Zimt und Nelken.
»Das kommt vom Glühwein«, sagt Papa. Glühwein – den gibt es bei den meisten Buden.
Boris hat heute schon Kokosflocken gegessen,
heißen Apfelsaft getrunken und eine grüne

Gummischlange verspeist. Das alles gibt es nicht jeden Tag. Das gibt es nur auf dem Weihnachtsmarkt.

Man kann auch Bratwurst essen. Das wird der Höhepunkt des Tages sein.

»Bitte einmal Riesenbratwurst«, sagt Boris. Ihm läuft schon das Wasser im Mund zusammen.

Die Würste sehen lecker aus. Sooo lang und knusprig braun gebraten.

Ja, Boris wird seine Riesenbratwurst bekommen, und Papa will ein Schnitzelbrötchen essen.

Die Frau von der Bratwurst-Bude quetscht die Riesenbratwurst in ein aufgeschnittenes Brötchen. Sie muss die Bratwurst in der Mitte brechen, weil die Wurst sooo lang ist. Jetzt sind sozusagen zwei Würstchen auf dem Brötchen. Noch Senf drauf. Serviette drum herum. Guten Appetit.

Die Wurst ist sehr heiß, aber sooo lecker. Boris beißt vorsichtig mal von dieser Seite ab und mal

von der anderen. Der Senf quillt überall heraus.
Boris kann nicht so schnell essen wie sein Papa.
Er will sich ja nicht die Schnute verbrennen.
Wie er so mit seinem Riesenbratwurst-Brötchen
kämpft, flutscht eine der beiden Wursthälften
raus und plumpst auf den Boden. Das ist Mist.
Boris hat zwar noch eine Hälfte, aber er muss
das auf dem Boden liegende Bratwürstchen
immerzu anschauen. Es ist nur ein bisschen ver-
dreckt, aber er kann es ja nicht einfach aufheben
und weiteressen. Es tut ihm sehr, sehr leid um
die schöne Wurst. Wenn er schon nichts davon
hat, dann sollte sich doch wenigstens ein Hund
darüber freuen.
Zum Glück kommt gerade eine Frau mit zwei
Dackeln an der Leine vorbei. Riechen die nicht
das schöne Fressen? Nein? Haben die etwa
keinen Hunger? Ob er ihnen die Wurst vielleicht
extra anbieten sollte?
»Hallo«, ruft Boris leise. »Hallo, ihr Dackel!
Hierher!«
Aber schon ist die Frau weitergegangen. Die
Hunde haben nicht mal gemerkt, was ihnen
entgangen ist. Und Papa drängt zum Aufbruch.

Er zupft an Boris' Ärmel. Von dem Pech mit der
Bratwurst hat er nichts mitbekommen.
Boris lässt sich zwar an die Hand nehmen, aber
er dreht sich um und schaut so lange es geht
auf das Bratwürstchen, das niemand haben will.
Dort drüben liegt es auf der Erde. Das ist doch
fast zum Heulen.

# U-Bahn fahren

Man kann mit dem Auto, mit dem Fahrrad, zu Fuß oder mit der U-Bahn in die Stadt kommen. Zu Fuß ist es ein bisschen zu weit. Da tun einem dann die Füße weh, und man muss sowieso mit der U-Bahn zurückfahren. Mit dem Fahrrad, das ist zu gefährlich, jedenfalls für Boris, auch wenn sein Vater dabei ist. Mit dem Auto fahren sie, wenn Papa viel zu schleppen hat. Am besten ist die U-Bahn. Das ist aufregend und fängt schon damit an, dass man am Automaten die richtige Fahrkarte ziehen muss. Und dann all die unterschiedlichen Leute! Außer Vögel in der freien Natur und große und kleine Tiere im Zoo beobachtet Boris auch gerne Leute in der Bahn. Heute ist er aber mit Papa im Auto unterwegs. Das passt ihm gar nicht. Außerdem hat Papa den Wagen ziemlich weit von der Innenstadt entfernt geparkt. Deswegen müssen sie ganz schön lange laufen.

Papa hat eine große Menge eingekauft. Schnäppchen. Das sind die Wintersachen, die in den Läden liegen geblieben sind, weil der Winter nicht hart genug gewesen ist. *Hart* heißt kalt. Papa schleppt mehrere Einkaufstüten mit sich herum und Boris eine. In seiner Tüte liegt ein neuer Schal und eine neue Mütze, die vielleicht im nächsten Winter schon zu klein sein wird. Müssen sie jetzt den langen Weg zum Auto wieder zurücklegen?

»Na klar«, sagt Papa.

Da kommen sie gerade am Eingang zur U-Bahn vorbei.

»Ich möchte U-Bahn fahren«, sagt Boris und bleibt stocksteif stehen.

»Keine Chance, Sportsfreund«, sagt Papa. »Wir können nicht mit der U-Bahn fahren, wir sind doch mit dem Auto hier.«

»Ich möchte aber U-Bahn fahren.«

»Und was machen wir mit dem Auto?«

»Stehen lassen«, schlägt Boris vor.

»Aber dann haben wir zu Hause kein Auto. Was machen wir, wenn wir wieder in die Stadt fahren wollen?«

»U-Bahn fahren.«

»Keine Chance«, wiederholt Papa. »Wir können
das Auto hier nicht stehen lassen.«

»Doch«, sagt Boris.

»Nein, das geht nicht.«

Aber wieso denn nicht? Das Auto steht doch
gut, wo es steht. Papa hat genau darauf geachtet,
dass er nicht im Halteverbot parkt. Warum soll
das also nicht gehen?

Boris dreht sich einfach um und läuft auf den
Eingang zur U-Bahn zu.
»Sportsfreund!«
Muss Papa so laut brüllen? Müssen alle Leute
mitkriegen, dass er langsam sauer wird?
»Boris!«
Boris läuft weiter. Da, wo die Treppe nach
unten führt, sieht er sich vorsichtshalber noch-
mal um.

Na so was! Papa ist inzwischen auch einfach losgegangen. Aber in die andere Richtung. Dorthin, wo das Auto steht.

Das ist nicht fair! Boris merkt, dass er heute tatsächlich keine Chance hat, gegen Papa zu gewinnen. Deshalb dreht er lieber um und läuft ihm hinterher. Aber wenn er groß ist, richtig groß und erwachsen, dann wird Boris U-Bahn fahren, wann und so oft und so viel er will. Wetten, dass?

# Der Wackel-Nikolaus

Es wird Zeit, dass Papa und Boris den Weihnachtsbaum besorgen. Die schönsten Bäume gibt es auf dem Marktplatz zwischen der Felsenkirche, dem Bahnhof und der Praxis von der Zahnärztin. Der Platz ist so groß, dass es dort nicht nur eine Million Tannenbäume gibt, sondern auch Holzbuden, in denen Schmalzstullen verkauft werden und Kirschbier. Beschwipste Bananen. Heißer Schneemann. Außerdem ist da ein Klo. Falls die Suche nach dem schönsten Baum zu lang dauern sollte.

Es ist nicht einfach, den schönsten Baum zu finden. Er soll nicht zu groß und nicht zu klein sein und gerade Äste haben. Ein Baum wie aus dem Bilderbuch. Ein Bilderbuchbaum. Boris und Papa schlängeln sich schon stundenlang durch die Baumreihen.

»Ist der nicht schön, Boris?«

»Der eben war doch besser, Papa.«

Ja, wo ist der von eben denn geblieben?

Gerade verkauft.

So ein Mist.

»Und der von vorhin? Den mochtest du doch auch.«

»Aber nur ein bisschen.«

»Sollen wir nochmal zurückgehen?«

Boris schaut sich um. Wo stand der denn? Boris hat sich die Stelle nicht gemerkt. Und von hier sehen alle Weihnachtsbäume gleich aus.

»Überleg in Ruhe, mein Kleiner«, sagt Papa.

»Ich geh mal rüber zum Toilettenhäuschen.«

»Ist gut, Papa.«

»Musst du nicht auch?«

»Nee, Papa.«

»Besser wäre, wenn du mitkämst.«

»Nee, Papa.«

»Na, wenn das mal gutgeht.«

Was denkt Papa denn? Dass er ein kleiner Junge ist?

Papa muss sich am Klohäuschen in eine lange Schlange stellen. Vor ihm und sofort hinter ihm haben sich all die Leute eingereiht, die auch stundenlang nach dem schönsten Weihnachtsbaum suchen. Mann, die können nicht mal warten, bis sie wieder zu Hause sind! Boris schnauft verächtlich durch die Nase und sieht sich weiter um.

Neben den großen und kleinen Bäumen und den mit den geraden Ästen gibt es auch noch blaue, quietschgrüne, edle, dunkle, haltbare, feine und nordische Tannen. Manche heißen auch Fichten. Und jetzt kann Boris wirklich keinen Baum mehr von dem anderen unterscheiden.

Er schleicht an den Holzbuden vorbei. Auf Schmalzbrote hat er keinen Appetit, und Kirschbier hört sich so an, als wäre das was für Erwachsene. Beschwipste Bananen sowieso.

Er macht sich gerade Gedanken, was denn ein heißer Schneemann sein könnte, da sieht er den Nikolaus. Der steht hinten auf dem Regal von der Kirschbier-Bude und wackelt mit den Beinen und dem dicken Bauch, als tanze er Rumba. Wahrscheinlich hat er eine Batterie im Bauch. Aus dem tönt auch eine Melodie. *Klingelinge-ling, der Weihnachtsmann.* Wie Boris dem Wackel-Nikolaus so beim Wackeln zuschaut, merkt er, dass Papa doch recht hatte! Plötzlich muss

er auch Rumba tanzen. Manno, Boris muss aufs
Klo. Schuld ist aber nur der Wackel-Nikolaus.
Da muss man ja schon vom bloßen Zusehen
pinkeln!

# Lea-und-Flo-Geschichten

# Der Wegelagerer

Der Sonntagsausflug führt Papa, Mama, Lea
und Flo in das Gebirge mit dem Wasserfall. Es
ist kein hohes Gebirge. Man muss jedoch beim
Spazierengehen ein bisschen schnaufen, obwohl
der Pfad nicht sehr steil ist und die vielen Bäume
am Wegesrand Schatten spenden. Am meisten
stöhnt Mama, und Lea tut nur so.
Uff, uff, uff.
Den Wasserfall kann sie noch nicht sehen. Aber
hören kann sie ihn.
Unten, wo es zum Berg mit dem Wasserfall
hinaufgeht, steht ein Holzhäuschen, in dem
man Andenken und Erdnüsse kaufen kann. Lea
und Flo bekommen kein Andenken, aber eine
Tüte Erdnüsse. Und das nur, weil sie jammern.
Es sind Erdnüsse mit Schalen drum herum.
Sie müssen sie erst knacken, bevor sie sie essen
können. Flo ist noch zu klein dafür. Er guckt
Lea neugierig zu und hält seine Hand hin.

In einer Erdnuss-Schale befinden sich immer zwei Nüsse. Lea
teilt sie gerecht auf. Erst kriegt
Flo eine Nuss, dann sie und
manchmal auch umgekehrt.
Während sie so den Berg hinauf-
stapfen, stellt sich ihnen plötzlich
jemand in den Weg.

Huch!

Flo hat sich furchtbar erschrocken. Mit einer
Hand versucht er, sich an Lea festzukrallen. Sie
hat nur einen kleinen Schreck gekriegt. Denn
was sich den beiden da frech in den Weg gestellt
hat, ist ja nur winzig. Ein Eichhörnchen!

Das Eichhörnchen hat sich auf seine Hinter-
beinchen gesetzt und die Pfötchen erhoben.

Geld oder Leben?

Nee.

Her mit den Erdnüssen! Sonst geht's keinen
Schritt weiter!

Okay, Lea hat schon verstanden.

Sie nimmt eine Erdnuss aus der Tüte und geht
in die Knie. Flo hält sich jetzt an ihrem Jacken-
kragen fest. Mann, der hat vielleicht Schiss!

Sobald sich Lea hingehockt hat, läuft das Eichhörnchen auf sie zu. Mit einer Pfote hält es Leas
Hand fest, als wollte es verhindern, dass sie die
Nuss wieder wegzieht. Mit der anderen Pfote
greift das Eichhörnchen nach der Nuss und
ist flitzeflink damit hinter dem nächsten Baum
verschwunden.
»Habt ihr das gesehen?«, ruft Lea.

Oh, war das schön!

Kaum haben sie wieder ein paar Schritte gemacht, kommt das Eichhörnchen erneut angesaust und stellt sich ihnen in den Weg.

»Das ist ja ein richtiger Wegelagerer«, meint Papa.

Was ist denn das?

»Ein Räuber.«

Ja, aber ein lieber Räuber, Papa! Und einer, der genau weiß, wie man's macht.

Jetzt traut sich sogar Flo, die Hand mit einer Erdnuss auszustrecken. Hops, hops, hops kommt das Eichhörnchen angehüpft. Mit dem Pfötchen hält es die kleine Hand des Bruders fest. Flo zuckt nicht einmal zusammen.

Nuss geschnappt und nichts wie weg.

Heute ist ein wunderbarer Tag. Ach, der Wasserfall ist ihnen doch egal. Lea und Flo lassen sich gerne von einem Wegelagerer überfallen. Sie haben noch vier, fünf, sechs Nüsse.

Her mit dem Räuber!

# Wauwau

Wenn Papa und Mama beschäftigt sind, soll Lea auf Flo aufpassen. Lea möchte, dass der kleine Bruder gehorcht und tut, was sie sagt. Das klappt nicht immer. Flo kann mit seinen zwei- einhalb Jahren zwar schon alles verstehen, aber er kann nicht hören. Doch, doch, er hat Ohren, aber er begreift einfach nicht, dass auch Lea mal ihre Ruhe haben will. Lea und ihr Bruder teilen sich ein Zimmer. Oha.

»Flo!«, ruft Lea, wenn sie es nicht mehr aushält. »Florian!« So heißt Flo nämlich richtig. Nachmittags muss Lea Schularbeiten machen, und ausgerechnet jetzt hat Mama auch was Wichtiges zu tun. Lea kann sich nicht kon- zentrieren. Das muss sie aber, denn lesen und schreiben fallen ihr noch schwer. Sie geht ja noch nicht lange in die Schule. Erste Klasse! Flo zerrt und zupft an ihr herum. Er möchte mit Lea spielen. Es hat keinen Zweck, ihn auf später zu vertrösten. Also muss Lea sich was einfallen lassen.

Ihr fällt was Gutes ein. Sie spielen Frau und Hund.

Lea ist die Frau. Sie bindet einen langen Schal um Flos Hosenträger, die sich am Rücken kreuzen.

»Du bist jetzt mein Hündchen«, sagt sie zum kleinen Bruder. »Ein Wauwau.«

»Wauwau«, sagt Flo und freut sich sehr über das Spiel.

Lea geht mit Flo Gassi. Das macht man so, wenn man einen Hund hat. Gassi gehen ist einmal im Zimmer herum.

»Fein gemacht, Hündchen.«

Nach einmal im Zimmer herum hat
Flo die Nase voll davon. Er will nicht
mehr Hund sein. Er will aufstehen.
»Nein, nein, nein«, sagt Lea.
»Sitz, Hündchen, sitz!«
Flo setzt sich auf den Po.
Damit er ruhig sitzen bleibt,
muss Lea sich wieder was
ausdenken.

»Gleich gibt es ein Leckerli«, sagt sie. »Schön sitzen bleiben. Sei ein liebes Hündchen.« Dann rennt sie in die Küche und holt sich aus der Süßigkeiten-Schublade einige Bonbons, die grünen, die Lea sowieso nicht mag. Die sind vom Karnevalsumzug übrig geblieben. Damit kann sie Flo aber ruhighalten.

Leas Hund kann die Bonbons sogar allein auspacken, eins nach dem anderen, und Lea kann wenigstens einen Satz in ihr Heft schreiben: *Tina möchte eine Katze haben.* Danach muss sie wieder mit dem Hund Gassi gehen und ihm *Männchen machen* beibringen.

Da kommt Mama ins Zimmer.

»Wauwau«, sagt Flo, zerrt an der Leine und macht tatsächlich *Männchen.* »Wauwau.«

»Um Himmels willen«, ruft Mama. »Lea! Da lässt man euch nur einen Moment allein, und was machst du gleich mit deinem kleinen Bruder? Du kannst ihn doch nicht anbinden! Ist er denn ein wildes Tier?«

»Nein«, sagt Lea. »Nur ein liebes Hündchen.«

# Papa ist dumm

Weil Mama Geburtstag hat, wollen Papa, Lea
und Flo ein Geschenk für sie kaufen gehen.
So oft sind sie mit Papa nicht unterwegs, denn
Papa kommt erst spätabends heim.
Bevor sie die Hauptstraße mit den vielen Ge-
schäften erreichen, kommen sie am Spielplatz
vorbei, wo Lea und der kleine Bruder manchmal spielen dürfen. Sobald Flo den Spielplatz
entdeckt hat, ruft er: »Pitzpatz gehn!
Pitzpatz!«
Papa schaut ihn verwirrt an. »Plitschplatsch?«,
fragt er. »Was für 'n Plitschplatsch?«
Nein, Papa, nein, du hast Flo nur nicht richtig
verstanden. Er spricht doch noch die Baby-
sprache.
Papa hat auch keine Ahnung, worüber Mama
sich freuen würde. Oder er tut nur so.
»Was meint ihr?«, fragt er. »Sollen wir Mama
vielleicht einen Kniewärmer schenken? Oder

einen Schuhanzieher? Oder einen Schnell-
kochtopf?«
Papa, du machst Witze!
Aber Flo nickt zu allem, was Papa vorschlägt.
»Niewanne«, sagt er, »Sssusssiesssa« und
»Sssneekompott«.
»Was sagt er?«, fragt Papa und sieht Lea Hilfe
suchend an.
Er hat nichts kapiert. Und er weiß auch nicht,
was Mama glücklich machen könnte. Dabei ist
es ganz einfach: ein schöner Blumenstrauß!
Nach dem Sanitätsgeschäft und dem Schuh-
laden und dem Kaufhaus mit den Küchensachen
taucht ein Blumenladen auf.
Prima!
»Guck mal, Papa, hier«, ruft Lea und zeigt
in das Schaufenster. »Flieder und Rosen, rote
Rosen! Die sind schön.«
»Sssön«, wiederholt Flo und nickt. »Fieda,
Hotehose.«
»Was meint er?«, fragt Papa und sieht Lea ratlos
an. »Wieder tote Hose?«
Papa ist dumm.
Und dann sagt er, als wäre es seine Idee: »Wäre

es nicht am besten, wenn wir Mama einen
schönen Blumenstrauß schenken würden?«
Papa, das haben die Kinder schon längst
gewusst!

# Der blaue Luftballon

Mitten auf dem Platz vor dem Kaufhaus ist was los. Da gibt es wohl was umsonst.

Richtig. Ein Mann in einem roten Anzug und mit einem schwarzen Zylinder auf dem Kopf verteilt schöne Sachen. Manche wirft er einfach in die Luft, und die Leute reißen sich darum. Schon ist eine Tüte mit Erdnussflips kaputt gegangen, und der Inhalt regnet auf ihre Köpfe. Das sieht lustig aus, denkt Lea, und auch Flo, der an Mamas Hand läuft, bleibt mit offenem Mund stehen und staunt. Mama schüttelt nur den Kopf. Sie findet die Leute bekloppt.

Der rote Zylindermann verteilt noch andere Sachen. Schokoriegel und Plastikautos. Und jetzt verschenkt er sogar schöne, große Ballons. Die sind schon aufgeblasen und schweben hoch über seinem Kopf in der Luft.

So einen prall gefüllten Luftballon hätte Lea liebend gern.

»Mama, ich möchte einen«, bittet sie. »Und Flo auch«, fügt sie schnell hinzu.

»Ach du liebe Zeit«, sagt Mama. »Das fehlte mir noch.«

»Flo auch«, wiederholt Lea.

Mama zögert. Doch dann übergibt sie Lea den kleinen Bruder. »Aber pass gut auf ihn auf«, ermahnt sie Lea.

Klar, Mama.

Mama stürzt sich in das Getümmel. Sie kämpft sich durch bis zu dem Zylindermann.

Da, jetzt hat sie einen Luftballon bekommen. Einen blauen. Sie hält die Schnur schon in der Hand, aber die Leute wollen ihr den Ballon wegnehmen. Mama angelt ihn an der Schnur runter und presst ihn an ihren Bauch.

Vorsicht, Mama, Vorsicht.

Sie legt schützend ihre Arme darum, damit die bekloppten Leute ihn nicht noch im letzten Moment zerdrücken.

Dann ist Mama wieder da. Mann, wie sie sich freut, dass sie den Ballon ergattert hat.

Wer soll ihn denn nun bekommen?

»Du kannst ihn ruhig Flo geben«, sagt Lea.

Mama bindet den blauen Luftballon an seinem Handgelenk fest. Flo ist ganz aus dem Häuschen vor Freude.

Jetzt sagt Lea: »Aber ich möchte auch einen Ballon.«

»Das ist nicht dein Ernst«, stöhnt Mama.

Doch, Mama, doch.

»Ich stürz mich nicht ein zweites Mal in dieses Gedränge. Ich bin doch nicht bekloppt.«

»Bitte, Mama, bitte.«

Mama verzieht das Gesicht. Aber dann macht sie sich noch einmal auf den Weg.

»Einen roten!«, ruft Lea ihr nach. »Mama! Einen roten Luftballon!«

Aber selbst wenn sie mit nur einem gelben zurückkommen würde, wäre Lea schon zufrieden. Es ist nämlich gar nicht bekloppt, sich ins Gedränge zu stürzen, Mama. So was macht Kinder glücklich.

# Der Spatz

Prima, dass Mama in einem Straßencafé Kaffee trinken will. Das ist besonders prima, weil neben dem Café eine Eisdiele ist. Flo und Lea haben dort jeder eine Eiswaffel mit lecker Eiscreme bekommen. Flo nur eine Kugel, Banane, und Lea zwei, Erdbeer und Haselnuss. Sie ist ja schon viel größer als Flo. Deswegen bekommt sie zwei Bällchen. Ihr kleiner Bruder merkt so was noch gar nicht.

Mit der Eiswaffel dürfen die Kinder auch auf den Stühlen in dem Straßencafé Platz nehmen. Aber nur, weil Mama dort Kaffee trinkt.

Flo möchte am liebsten die ganze Eiskugel auf einmal in sein Mäulchen stopfen. Er weiß noch nicht, dass man viel länger was vom Eis hat, wenn man langsam daran leckt. Aber von allen Seiten! Sonst tropft das Eis auf den Boden und man hat auch nichts davon.

Vor Lea hüpft ein kleiner Spatz. Der ist vielleicht

mutig! Er traut sich ganz nah an Leas Füße ran und schaut sie erwartungsvoll an. Na? Will der vielleicht auch Eis essen?

Oh, er wird hungrig sein. Der kleine Spatz will bestimmt ein Krümelchen von der Eiswaffel abhaben. Er hopst und hopst vor Leas Füßen hin und her. Er wird einen Riesenhunger haben.

Lea hat Mitleid. Sie opfert die Spitze von ihrer Eiswaffel. Die ist sowieso schon ein bisschen angeknackst. Jetzt bricht sie sie vollständig ab. Ach, da ist ja sogar auch ein bisschen Eiscreme drin. Haselnuss! Na gut.

Lea wirft dem kleinen Spatz die Waffelspitze vor
die Füße. Sagt man überhaupt *Füße*? Ein Spatz
hat ja keine Zehen, sondern nur Krallen.
Egal.
Der Spatz freut sich über die Waffelspitze.
Wenn man so klein ist wie ein Spatz, dann ist
so ein Stückchen Waffel schon so groß wie eine
richtige Eistüte.
Der Spatz steckt seinen Schnabel tief in die
Spitze. Er schnabbelt zuerst das geschmolzene
Nusseis auf. Lecker, was?
Dann hackt er an der Waffel herum. Wenn er
einen Krümel abgepickt hat, fliegt er damit ein
Stück zur Seite. Hat er etwa Angst, dass Lea
ihm sein Futter streitig machen will? Braucht er
doch nicht.
Da flattert er auch schon wieder herbei.
Was für ein schönes Gefühl es ist, dem Vögel-
chen eine leckere Mahlzeit beschert zu haben.
Der kleine Spatz fliegt ungefähr fünfmal hin und
her. Jedes Mal pickt er sich nur ein Krümelchen
aus der Waffelspitze und futtert es
in sicherer Entfernung auf.
Und dann?

Heh, kleiner Spatz, wo bleibst du denn? Hast du denn den Bauch schon voll?

Sieht ganz so aus. Der Spatz hat genug gefressen und ist davongeflogen.

Schade. Wenn Lea das gewusst hätte, dann hätte sie nicht auf ihre Waffelspitze verzichtet. Dann hätten ja auch die runtergefallenen Krümel gereicht.

Na, das weiß sie jetzt fürs nächste Mal.

# Fischer und Fische

Man muss Flo immer beschäftigen. Sonst gibt es
Terz. Oder Theater. Krawall eben. Das ist alles
dasselbe.
Auch bei einer Bahnfahrt muss man sich was
ausdenken, um Flo ruhigzuhalten. Lea fallen ein
paar Spiele ein.
*Rüben ziehen.*
*Der Riese schläft.*
*Klopapier-Tag.*
Das alles geht aber nicht im Zug. Dafür gibt
es nicht genügend Platz. Lea und Flo haben
gerade mal einen eigenen Sitz. Schon gegenüber, neben Mama, sitzt eine Frau, die mit den
knallroten Lippen. Lippenstift! Sie sieht so aus,
als dürfte man nicht zu sehr rumhampeln.
Mama fragt: »Wie geht denn nochmal das Spiel
mit dem Fischer?«
»Fischer, Fischer, wie tief ist das Wasser? Meinst
du das?«

Ach Mama, dabei muss man doch genauso rumlaufen.

»Oder: Das Meer ruft die Tintenfische, das
Meer ruft die Haifische«, schlägt Mama vor.

Mama hat keine Ahnung. Bei diesem Spiel muss
man ebenfalls herumflitzen.

»Ach so«, sagt sie.

Aber Mama hatte doch eine gute Idee mit dem
Fischer.

»Ich hab gefischt, ich hab gefischt …«, beginnt
Lea.

Flo weiß sofort Bescheid. »Fisss gefissst«, sagt er.
Genau!

»Muss man dabei nicht auch herumrennen?«

»Nee, Mama, das geht am Tisch.«

Auf der einen Seite vom Tisch sitzen also Mama
und die Lippenstiftfrau. Auf der anderen hocken
Lea und der kleine Bruder. Es ist kein richtiger
Tisch. Er hat nur ein Bein auf der Vorderseite.
Hinten ist er an der Wand befestigt.

Mama fragt die Lippenstiftfrau höflich, ob sie
sich auch nicht gestört fühlt, wenn die Kinder
spielen.

»Nein, nein«, sagt die Frau, aber nur mit einem

halben Lächeln. »Nur zu. Das macht mir nichts aus.« Dann öffnet sie ihre Handtasche und holt einen Spiegel heraus. Und einen Lippenstift, mit dem sie sich die knallroten Lippen noch knalliger anmalen will.

Jetzt können sie aber mit dem Spiel beginnen.

Flo ist der Fischer. Das ist er gern.

Er kreist mit seinen Händen über den Tisch.

»Ich hab gefissst, ich hab gefissst«, sagt er.

Lea und Mama haben ihre Hände auf die Tischplatte gelegt. Das sind die Fische.

Lea muss dem kleinen Bruder helfen. Er vergisst immer, wie es mit dem Fischer weitergeht.

»Ich hab die ganze Nacht
gefischt und keinen Fisch …«
»Erwissst!«, ruft Flo laut.
Mama und Lea haben ihre
Hände blitzschnell weggezogen,
sodass Flo seine Pfoten mit Donnerschlag auf
die nackte Tischplatte knallt. Das kracht so, dass
der Tisch sogar ruckt und die Lippenstiftfrau
voller Schreck mit ihrem Lippenstift ausrutscht
und sich bis ans Ohr hinauf knallrot beschmiert.
Oha. Jetzt sieht sie aber aus, als ob ihr das Spiel
doch was ausmachen würde!

# Die Tortenkönigin

Tante Matta hat Geburtstag. Nachmittags gibt es eine Tortenfeier und gegen Abend soll die Feier weitergehen. Wurst- und Brötchenfeier. Tante Matta hat den großen Tisch ausgezogen und schön gedeckt mit Kürbis-Servietten und Efeuranken, mit bunten Glasbechern für Limonade und mit Streu-Smarties.

Erst mal müssen sie Tante Matta gratulieren. Das ist schrecklich, weil es so feierlich ist. Flo schafft das gar nicht. Er versteckt sich hinter

Lea. Mama stößt Lea an. Da muss sie Tante
Matta die Hand geben. Sie flüstert: »Herzlichen
Glückwunsch.« Mehr kriegt sie nicht raus.
Gratulieren müssen ist grässlich.
Endlich dürfen sie sich an den Tisch setzen. Die
Smarties und die Limonade sind prima, aber das
Beste sind die Torten.
Tante Matta hat die tollsten Torten auf den
Tisch gestellt.
Nussdreieckskrümelbuttercremetorte.
Himbeerherzensahnetorte.
Krokantsplitterglacétorte.
Marzipanmandelkrönchentorte.
Bananenschiffchenschokoladentorte.
Kirschkiwibaiserhörnchentorte.
Tante Matta ist eine Tortenkönigin.
Lea will von jeder Torte ein Stück probieren.
Das ist gar nicht so einfach. Ein Stück Nuss-
dreieckskrümelbuttercremetorte. Ein Stück
Marzipanmandelkrönchentorte. Dann ist der
Bauch schon fast voll. Als Lea trotzdem nach
dem dritten Stück greift, sagt Mama schon:
»Na, na, na.«
Nix na, na, na.

Flo versucht, es Lea nachzumachen, aber er schafft nicht einmal ein ganzes Stück von der Himbeerherzensahnetorte.

Lea ist tapfer. Sie muss viel trinken, sonst würden die Tortenstücke schon gar nicht mehr in ihren Bauch rutschen. Sie schafft noch ein drittes Stück. Bananenschiffchenschokoladentorte. Flo hilft ihr dabei. Aber nur mit einem kleinen Häppchen.

Leider kann Lea die Krokantsplitterglacétorte und die Kirschkiwibaiserhörnchentorte nicht mehr probieren. Auf keinen Fall!

Und jetzt soll es gleich weitergehen mit der Wurst- und Brötchenfeier.

Aber die Feier geht nicht weiter. Lea wird nämlich speiübel. Nicht plötzlich, sondern ganz, ganz allmählich. Und auch Flo ist schon etwas

grün im Gesicht. Viel zu viel Torte gegessen! Und noch nicht mal alle durchprobiert! Das tut Tante Matta aber leid!

Papa und Mama packen die Kinder schnell ins Auto und fahren nach Hause. Oh Mann, den beiden ist vielleicht schlecht. Lea wird ihr Leben lang keine Torte mehr essen! Oder wenigstens ein Jahr lang nicht. Bis Tante Matta, die Torten-königin, wieder Geburtstag hat.

## Gefährliches Treppenspiel

Einmal soll Lea ganz allein auf Flo aufpassen.

»Du bist doch schon groß«, sagt Mama.

Klar. Und außerdem will Mama nur kurz zur
Nachbarin gehen.

Weglaufen kann Flo nicht, denn sie wollen
unten im Garten spielen. Da ist der Zaun drum
herum und die Hecke. Nix kann passieren.

Lea ist stolz, die Verantwortung für Flo zu haben, auch wenn es nur für ein paar Minuten ist.
Sie wird sich was Gutes für den kleinen Bruder
ausdenken.

Vielleicht … Drehwurm spielen? Ach nein, dann
würde ihm ja schwindelig werden und er würde
umkippen.

Oder … mit Wasser aus der Regentonne nass
spritzen?

Ach nein, dann könnte sich Flo womöglich noch
erkälten.

Am besten ist wohl das Treppenspiel.

Die Treppe führt vom Garten in den Keller. Flo
muss sich ganz unten auf die erste Stufe stellen.
Lea reicht ihm beide Hände und Flo springt
runter.

»Fein gemacht, Flo!« Flo liebt das Treppenspiel.
Jetzt soll er sich auf die zweite Stufe stellen.
Hände geben. Springen. Flo juchzt.

»Fein gemacht!« Sollen sie gleich noch mehr
versuchen? Was sagt Flo dazu?

»Ja«, sagt er. Na, dann mal los.

Flo muss sich auf die vierte Stufe stellen. Nun
kann Lea ihn nicht mehr an den Händen festhalten. Das macht aber nichts. Sie wird ihn
auffangen. Sie ist doch seine große Schwester.

Flo traut sich nicht so recht. Er zögert.

»Du brauchst keine Angst zu haben«, sagt Lea.
»Spring nur, spring! Ich fang dich auf.«

Der kleine Bruder schaut Lea ängstlich an.
Doch er vertraut ihr und springt. Fein gemacht,
Flo.

Aber Lea kann ihn nicht auffangen. Flo ist zu
schwer. Er rutscht ihr aus den Händen und
knallt voll auf die Schnute. Ach du Schreck.
Einen Moment lang ist es ganz still, aber dann

schreit der kleine Bruder los. Das ist nicht zum Aushalten.

Lea hebt Flo hoch. Auf seinem Backenknochen klafft eine Wunde. Abgeschabte Haut. Blut. Und darüber klebt auch noch Dreck, weil Flo auf den schmutzigen Betonboden vor der Kellertür gefallen ist. Was soll Lea jetzt machen? Erst trösten. Sie schämt sich, weil sie doch nicht so stark ist, wie sie gedacht hat. Wie kann sie das nur wieder gutmachen?

Sie zieht Flo, der sich ein bisschen beruhigt hat, ins Haus. Er soll sich ins Bett legen. Dann macht Lea einen Lappen nass und versucht, den Schmutz vorsichtig von der Wunde zu tupfen. Was kann sie noch tun?

Keine Ahnung!

Kalten, nassen Lappen auf die Stirn legen. Das hilft immer. Und als Mama endlich kommt, weint Flo auch schon nicht mehr.

»Wie konnte denn das passieren?«, fragt Mama nur. Sie macht Lea keine Vorwürfe. Sie weiß wohl, dass Lea einen ordentlichen Schrecken bekommen hat. Und hoffentlich wird Flo das Treppenspiel irgendwann einmal vergessen haben.

# Eine Mumpitz-Geschichte

Manchmal erzählt Lea ihrem kleinen Bruder
eine erfundene Geschichte. Abends, wenn sie
eigentlich schon schlafen sollten. Flo geht immer
lange vor Lea ins Bett, aber er wacht oft wieder
auf, wenn seine Schwester ins Zimmer kommt.
»Sssiche«, jammert Flo dann. »Sssiche zähn.«
Was sagt Flo? Ganz einfach: Geschichte erzählen!
»Es war einmal …«, beginnt Lea. »Soll ich
weiter erzählen?«
»Ja«, flüstert Flo. Er wird wohl gleich wieder
einschlafen, und Lea kann ihm ruhig eine
Mumpitz-Geschichte erzählen.
Die geht heute so:

*Es war einmal ein Mädchen, Lotti.*
*Am Ersttag dieser Woche morgenküsste die Mama*
*Lotti. Sie machte damit einen Weckauf. Lotti*
*hatte nicht lange geschlafzimmert. Trotzdem tat*

sie sofort einen Lossprung und eine Flitzrennung
ins Badezimmer. Dort zähneputzte sie sich.
Als sie mit dem Pullovern fertig war, wollte sie
schokoladenmilchen. Die Mutter kücherte schon.

*Nach dem Butterbroten ging Lotti schulen.*
*Dort mathematikte und topflappte und schön-*
*schriftete sie. Und sie musste auch ein bisschen*
*englischen. Nachmittags zu Hause hatte sie zuerst*
*zu schularbeiten. Dann durfte sie draußen fuß-*
*ballern und auch ein Weilchen fahrrädern. Sie*
*half Mama im Garten beim Rasenspreng und*
*gießkannerte die Blumen. Sie half auch beim*
*Unkrautjät. Das spaßerte aber nicht. Ob sie einen*
*Fernsehguck haben durfte? Aber nur ein biss,*
*sagte die Mama. Warum nur das Kurz? Weil es*
*bald abendbrotzeitig wurde. Das war ein guter*
*Schmeck. Und bald ging Lotti bettig. Sie war*
*müdemaus.*

Zum Glück ist Lea mit ihrer Mumpitz-
Geschichte gerade fertig, als sich die Tür
zum Kinderzimmer vorsichtig öffnet.
»Pschschsch«, macht Papa.
Ja, Lea hat doch schon ausgemumpitzt und
kann jetzt träumschönen.

# Hilfe!

Immer muss Lea aufräumen. Selbst die Sachen
von ihrem kleinen Bruder muss sie wieder an
Ort und Stelle packen. Das ist ungerecht.
Flo ist zwar noch ziemlich klein, das muss Lea
zugeben. Aber mit seinen zweieinhalb Jahren
könnte er doch ein bisschen mehr machen, als
nur einen Bauklotz in die Kiste zu werfen und
Lea dann zuzuschauen. Oder wie wäre es, wenn
Mama und Papa mal helfen würden? Hm?
Aber nein. Immer nur Lea, Lea, Lea.
Jetzt reicht's wirklich.
Lea nimmt einen Zettel und schreibt einen
Hilferuf. Sie weiß nicht genau, wie man alles
schreibt. Aber ist das wichtig, wenn es ein
Notfall ist?
*Ich brauche Helfe. holt bite die pulizei. dritter*
*stok, bite schnell.*
Den Zettel quetscht sie durch das auf Kipp
stehende Fenster. Er wird unten in den Garten

fallen, und irgendjemand wird ihn dort schon finden. Und gleich wird die Polizei kommen!

In der Zwischenzeit wird sie eben ganz langsam weitermachen. Lea angelt das Märchenbilderbuch unter Flos Bett hervor und stellt es zu den anderen ins Regal. Dann bückt sie sich nach der Holzlokomotive.

Da klingelt es an der Tür. Na, das ging ja fix. Lea guckt um die Ecke. Es ist aber nicht die Polizei. Es ist Frau Emmerich von ganz unten.

»Na sagen Sie mal!«, wundert sich Frau Emmerich. »Was ist denn bei Ihnen los? Das soll doch wohl ein Witz sein.« Sie hält Papa und Mama Leas Zettel unter die Nase.

»Lea! Komm mal her!« Das ist Papa.

»Ja?«, sagt Lea mit dünner Stimme.

»Was hast du denn damit gemeint?« Mama sieht sie ganz erstaunt an.

»Na, weil ich immer, immer aufräumen muss«, jammert Lea.

»Ach, du liebe Zeit. Ist das so schlimm, dass die Nachbarn sogar die Polizei holen sollen?«

Lea zuckt mit den Schultern, obwohl sie immer noch findet, dass Aufräumen schrecklich ist.

Besonders, weil die meisten Sachen Flo gehören.
»Na, das ist uns jetzt aber peinlich«, sagt Papa
zu Frau Emmerich, und Mama fügt hinzu: »Es
sieht so aus, als müsste Lea heute kochen und
den Tisch decken, und mein Mann und ich
werden das Kinderzimmer aufräumen.«
Ach, das ist ja nur ein Witz!
Frau Emmerich lacht auch darüber. Aber dann
sagt sie: »Wissen Sie, Sie können gleich danach zu mir nach unten kommen. Ich brauche
auch Hilfe. Es gibt nichts Schlimmeres, als den
ganzen Tag nur aufräumen zu müssen.«
Wenigstens eine, die Lea versteht. Oder hat Frau
Emmerich auch nur einen Witz gemacht?

# Nur ein Spiel

Was machen denn die Leute so im Zug? Pfff …
denen ist langweilig. Viele lesen. Die meisten
schlafen.

Zum Schlafen haben Lea und Flo keine Lust.
Dafür ist die Bahnfahrt ja zu aufregend. Es
müsste einem nur einfallen, was man tun könnte. Außer Leute angucken und nach draußen
schauen.

Ach, man könnte singen.

*Auf der Mauer, auf der Lauer sitzt 'ne kleine
Wanze …*

Das macht Spaß. Selbst Flo versucht mitzu-
singen.

*Aufömaua, aufölaua sissne keiewasse …*

Er hat keine Ahnung, was er singt. Aber ehr-
lich gesagt: Auch Lea hat noch nie 'ne Wanze
gesehen.

Das Wanzenlied muss man immer schneller und
schneller singen und dabei immer mehr Buch-

staben weglassen. Bis nur noch Kauderwelsch zu hören ist und Mama genervt ruft: »Lea!«

Na schön.

Nächstes Lied.

*Drau Chaunausaun maut daum Kauntraubauss ...*

Da guckt Flo aber erstaunt. Er kann sich gar nichts darunter vorstellen.

Aber das nächste Lied kennt er auch schon aus dem Kindergarten.

*Hau ab, du alter Schlingel du, ich will dich nicht mehr sehen, geh weg und lass mich doch in Ruh, du sollst nach Hause gehen.*

Bei dem Lied gibt es viele Strophen. So viele man will. So lange einem was einfällt.

*Hau ab, du alter Löwe du ...*

*Hau ab, du alter Drachen du ...*

*Hau ab, du alter Kuckuckshahn ...*

»Was singst du denn da?«, fragt Mama.

Lea lacht. Man darf sich ausdenken, was man will. Und Flo macht mit:

*Altakukuhan ... sollhausegehn ...*

Lea fällt noch was Gutes ein.

*Hau ab, du alter Flo du du ...*

Das findet der kleine Bruder lustig. Er weiß, wie das Spiel geht.

*Hauab dualteleadu …*

Ja, so geht das.

Und wer kommt jetzt dran?

Mama!

*Hau ab, du alte Mama du, ich will dich nicht mehr sehen, geh weg und lass mich doch in Ruh, du sollst nach Hause gehen.*

»Was?«, ruft Mama. »Was singt ihr da? Das will ich aber nicht gehört haben!«

»Ist doch nur ein Spiel, Mama!«
»Na, ihr wollt mich bloß ärgern.«
Stimmt doch gar nicht, Mama. Lea und Flo
haben sich auch nicht geärgert. Sie haben ihren
Spaß gehabt, du, Mama, du.

# Ein fauler Hund

Für lange Wege hockt Flo in einer Kinderkarre. Er bleibt nicht gerne drin sitzen. Schon nach kurzer Zeit versucht er sich loszumachen und fängt schließlich an zu brüllen. Sein Gebrüll hat nichts mit Weinen zu tun. Obwohl er schon gut sprechen kann, fallen ihm nicht die richtigen Worte ein, wenn er wütend ist. Flo soll aber noch ein wenig in der Karre sitzen bleiben. So kann man besser mit ihm über den Weihnachtsmarkt gehen. Selbst Papa trägt ihn nicht gerne stundenlang auf dem Arm.

Es ist spätnachmittags und Lea hat Hunger, weil es überall was Leckeres zu kaufen gibt. Das fängt bei den gerösteten Mandeln an. Dann die schönen Lebkuchenherzen mit Zuckerguss: *Du bist mein Liebling*, steht darauf.

Schließlich gibt es noch Spritzkuchen, Crêpes, Schinkenwürste und Knabberfleisch. Knabberfleisch? Lasst uns doch mal was knabbern!

Zum Glück haben Mama und Papa auch Appetit bekommen. Mama stellt sich in die lange Schlange vor dem Stand. Flo brüllt los, und Papa muss ihn hochnehmen. Da ist der kleine Bruder gleich ruhig, und Lea passt auf die Karre auf. Sie hält sie am Griff fest, damit sie nicht geklaut wird. Alle drei warten jetzt darauf, dass Mama mit dem Essen kommt.

Vor Papa steht ein hoher Bistro-Tisch mit weißer Wachstuchdecke. Papa setzt Flo auf den Tisch. Sonst würden ihm ja noch die Arme abbrechen. Auf der anderen Seite vom Tisch stehen ein alter Mann und eine alte Frau. Alt oder älter. Lea weiß nicht so genau.

Die Frau hält eine Tüte Knabberfleisch in der Hand. Für Knabberfleisch braucht man kein Messer und keine Gabel. Man darf die Fleischstücke mit der Hand anfassen.

Die Frau greift in die Tüte und holt die Stückchen heraus. Sie füttert abwechselnd den Mann und sich selber. Der Mann braucht immer nur seinen Schnabel aufzureißen, dann schiebt ihm die Frau ein Stück Fleisch hinein.

Lea hat so was noch nie gesehen. Selbst Flo
muss nicht mehr gefüttert werden.
Er schaut den beiden auch fasziniert zu. Hat der
Mann denn keine Hände?
Doch, doch, doch.
Nun sind die beiden mit ihrem Knabberfleisch
fertig, und die Frau wischt sich die Hände mit
einer Papierserviette ab. Der Mann nimmt
die Tüte vom Tisch und greift einmal hinein.
Mensch, die ist doch längst leer! Aber er wollte
wohl nur sicher sein. Weil seine Hand jetzt fettig
geworden ist, hält er sie der Frau hin, und die
wischt ihm tatsächlich noch die Pfote ab. Dann
brechen die beiden auf und laufen weiter über
den Weihnachtsmarkt.
Papa grinst. Er sagt: »Das war vielleicht ein
fauler Hund.«
Ja! Lea muss jetzt richtig lachen. Und da kommt
auch schon Mama mit drei Tüten Knabberfleisch an den Tisch. Lea kriegt ihre Portion
runtergereicht, und Flo darf aus Mamas und
Papas Tüten essen. Mama reicht ihm ihre hin.
Aber Flo schüttelt den Kopf. Er hat gut auf-
gepasst.

»Fo auch fauerhund«, sagt er und öffnet sein
Mäulchen.
Mama ist total platt, aber Papa hat's verstanden.
Er füttert den faulen Hund.